Viver com saúde de corpo e alma

Dados Internacionais de Catalogação na Publicação (CIP)
(Câmara Brasileira do Livro, SP, Brasil)

Grün, Anselm
Viver com saúde de corpo e alma / Anselm Grün ; tradução de Carla Koch. – Petrópolis, RJ : Vozes, 2016.

Título original : Gesund mit Leib und Seele
ISBN 978-85-326-4997-3

1. Corpo e alma 2. Espiritualidade 3. Saúde – Aspectos religiosos – Cristianismo I. Título.

15-01972 CDD-248.8

Índices para catálogo sistemático:
1. Saúde : Aspectos religiosos : Cristianismo
248.8

Anselm Grün

Viver com saúde de corpo e alma

Tradução de Carla Koch

— VOZES —
NOBILIS

Anselm Grün
Título do original alemão: *Gesund mit Leib und Seele* - Editado por Anton Lichtenauer

Direitos de publicação em língua portuguesa - Brasil:
2016, Editora Vozes Ltda.
Rua Frei Luís, 100
25689-900 Petrópolis, RJ
www.vozes.com.br
Brasil

Diretor editorial
Frei Antônio Moser

Editores
Aline dos Santos Carneiro
José Maria da Silva
Lídio Peretti
Marilac Loraine Oleniki

Secretário executivo
João Batista Kreuch

Editoração: Gleisse Dias dos Reis Chies
Diagramação: Sandra Bretz
Capa: Idée Arte e Comunicação
Ilustração de capa: © hofhauser | Shutterstock

ISBN 978-85-326-4997-3 (edição brasileira)
ISBN 978-3-451-61015-8 (edição alemã)

Editado conforme o novo acordo ortográfico.

Este livro foi composto e impresso pela Editora Vozes Ltda.

Sumário

Introdução, 7

1 Permita-se espaço para respirar!, 21
2 A cultura do comer e beber, 31
3 Jejum: o que purifica o corpo e a alma, 39
4 Viver em ritmo equilibrado, 47
5 Dormir e despertar, 63
6 O que o corpo elimina, 73
7 A agressividade como fonte de energia, 83
8 Sexualidade: força vital integrada, 93
9 Relacionamentos: vida que emana para o outro, 101
10 Enfermidades: ouça seu corpo!, 109
11 Dê atenção às emoções, 121
12 Transforme o seu medo, 133
13 Traga mais alegria à sua vida!, 145

Conclusão, 157

Introdução

A saúde é hoje, para muitas pessoas, o seu bem maior, e, para alguns, chega quase a substituir uma religião. Eles pensam o tempo todo apenas em sua saúde. Outros falam de fato em saúde, mas o que fazem verdadeiramente é arruiná-la. Tratam seu corpo como uma máquina que tem que seguir funcionando perfeitamente. E quando esta não o faz, é mesmo levada para o "conserto". E então é preciso recorrer a fortes medicamentos que a façam funcionar novamente. O fato de sua saúde ter relação com o seu modo de viver, disso essas pessoas não querem saber. A saúde, no entanto, não é algo que alcançamos desenvolvendo um sistema de saúde eficiente, focado na cura da doença. Os gregos tinham consciência de que tudo é, antes de mais nada, uma questão de se viver de forma saudável. A tarefa mais importante do médico era, para eles, a arte de ensinar a vida saudável. E de forma saudável só se vive quando se é justo para com seu corpo e sua alma, quando se toma consciência da responsabilidade social e da responsabilidade de cada um perante Deus.

A voz de Deus – como acreditavam os monges antigos – não encontramos apenas na Bíblia ou nos escritos dos Pais da Igreja ou dos autores espirituais. Deus nos fala também, e muito mais, em nosso corpo e através do nosso corpo. Segundo esse modo de ver, faz parte da vida espiritual ouvir o corpo com sinceridade. Às vezes, nosso corpo nos mostra que estávamos surdos: não respeitamos a nossa medida. Trabalhamos para além de nossos limites naturais, exigimos de nosso corpo além da medida. Uma coisa é certa: é preciso também humildade para ouvir o corpo.

Se o próprio Deus nos fala através de nosso corpo, então a saúde também é uma tarefa espiritual. E não há como não ouvirmos essa voz. Se pegamos uma gripe, não há como não enfrentá-la. Ela nos toma. Força a nos permitirmos o descanso, que, caso contrário, não nos permitiríamos. De modo que o primeiro passo para a espiritualidade consiste em ouvir o corpo, para que lhe sejamos justos. Assim, somos justos também para com Deus, o Criador.

"O corpo ouve melhor que os ouvidos." Assim diz um provérbio da África Central: o próprio corpo é capaz de ouvir. Ele ouve nossa alma e percebe o que ela nos quer dizer; ouve os seus impulsos silenciosos. Muitas vezes ele reage adoecendo, quando a alma lhe sinaliza que a inquietação e a inadvertência daquela pessoa faz com que ela se sinta "adoecida": ignorada e não levada a sério.

O corpo leva a alma a sério. Ele ouve os seus impulsos e os leva aos ouvidos da pessoa, uma vez que ele reage com sintomas físicos que simplesmente não podem ser ignorados. Corpo e alma são uma unidade. Eles se ouvem um ao outro. E nós devemos ouvir tanto à alma como ao corpo. O corpo nos chama a atenção para aquilo em nossa alma que ouvimos muito pouco.

Há o caso da mulher que se sacrifica pela sua família. Mas ela não dá ouvidos aos sinais de sua alma. Sua alma reage com sentimentos como irritação e amargura, pois se sente explorada. Todos querem algo dela, mas ela não pode querer nada, pois não se atreve a lutar por suas próprias necessidades. Quando ela reprime por muito tempo as suas necessidades, então, por vezes, o corpo assume a necessidade de descanso e atenção, ficando doente. E então ela precisa tomar tempo para si. Não lhe resta mais nada além de deitar-se na cama e se deixar ser cuidada e servida pelos outros. O corpo a obriga a reconhecer a sua própria carência e a desfrutar dessa condição.

Saúde, doença, cura – estes são temas centrais também na Bíblia. Jesus diz geralmente aos doentes que Ele curou: "Tua fé te fez são". Há muitas pesquisas científicas que mostram que a fé e a participação em um grupo religioso são capazes de curar, que o ato de rezar é bom para o processo de cura. Isso não significa que a reza seja uma espécie de truque para curar toda doença. Ela favorece o processo de cura e, às vezes, resulta também na cura espontânea. No entanto, nunca está em nosso poder se, em função de nossa prece, alguém pode sarar ou não, e sim sempre nas mãos de Deus. A fé, no entanto, é mais do que um efeito placebo. Muitos são da opinião de que basta acreditar que um medicamento ajuda, que ele então realmente ajuda. É claro que isso acontece em certa medida. Mas a fé é mais do que autossugestão. Essencialmente ela é a convicção de que eu não estou só em minha doença, de que estou nas mãos de Deus. E eu acredito que o espírito sagrado e restaurador de Deus se esparrama em mim e em todas as áreas do meu corpo, preenchendo tudo com luz e amor. Eu entrego minha doença a Deus, e confio que o seu espírito restaurador irá se espalhar em minhas feridas, me erguer e me curar.

Jesus salvou pessoas doentes que confiaram nele, que lhe confiaram a cura. A cura se dá, porém, sempre no encontro. Jesus vai ao encontro das pessoas doentes e assim as convida a encontrarem a si mesmas. Deus não cumpre a tarefa que nós mesmos temos de cumprir. Na doença, nossa tarefa é indagar-lhe para onde ela nos aponta e onde ela gostaria de dar uma outra direção à nossa vida. A cura no encontro com Jesus significa: precisamos ir ao encontro de nós mesmos, dentro da nossa verdade – e a doença também faz parte disso. Só assim pode se dar a transformação e a cura.

Jesus enviou seus discípulos com a missão: "Ide e anunciai: o Reino dos Céus está próximo. Curai os doentes, ressuscitai os mortos, purificai os leprosos, expulsai os demônios!" (Mt 10,7). A cura é a manifestação da proximidade do Reino de Deus. Quando Deus reina no ser humano, esse reinado manifesta-se em sua saúde. Os discípulos devem curar os doentes e torná-los sãos. Aqui cabe o emprego da palavra grega *therapeuein*. Não basta que os discípulos apenas estendam as mãos aos doentes, para que se tornem sãos. Muito mais do que isso, eles devem anunciar a palavra de Jesus de modo que ela possa desenvolver seu efeito terapêutico nos receptores.

A espiritualidade cristã tem sempre uma dimensão terapêutica. Jesus incumbe os discípulos também de ressuscitar os mortos. É certo que Jesus quis dizê-lo literalmente. Mas ao mesmo tempo, isso simboliza o nosso fazer cristão hoje. Devemos trazer de volta à vida aquelas pessoas aterradas em si mesmas, para que floresça a sua vitalidade. Devemos purificar os leprosos: pessoas que não conseguem aceitar a si mesmas e por isso sentem-se rejeitadas pelas outras pessoas, devemos acolhê-las e dar-lhes o sentimento de que elas são inteiramente aceitas, que elas são puras, ou seja, que podem ser assim como são. E devemos expulsar os demônios: demônios são espíritos que obscurecem o pensar e o sentir, ideias fixas, padrões de vida doentios. Devemos libertar as pessoas de modos de ver que obscurecem a sua autoimagem.

Georg Christoph Lichtenberg, o aforista e físico alemão (1742-1799), disse uma vez: "Obtemos a sensação de boa saúde através da doença". Queremos sempre ser saudáveis. Mas mesmo quando fazemos muito pela nossa saúde – através de uma alimentação saudável e hábitos saudáveis como o esporte etc. – não temos a garantia de uma saúde estável. Em geral voltamos sempre a adoecer. Saúde e doença são parte uma da outra. Quando estamos doentes, ansiamos pela saúde e aprendemos a lhe dar valor. Na doença é que percebemos que a saúde não é algo evidente, mas sim um presente, pelo qual podemos ser gratos.

Na doença eu me sinto sucumbir. Tenho a sensação de que nunca mais vou recuperar as forças. Por outro lado, maior que isso é o prazer ao perceber como adquirimos uma nova vontade de nos erguer, trabalhar, e ir ter com os outros. A doença nos conduz à fraqueza. A saúde nos motiva novamente a conduzir a vida. E nós sentimos o amor renovado. Na doença, giramos em torno de nós mesmos. Nela sentimos pouco amor pelos outros.

O que seria uma pessoa saudável? – perguntaram uma vez a Sigmund Freud. Uma pessoa saudável é capaz de trabalhar e de amar, foi sua resposta. Dorothee Sölle cita essa resposta e aponta também o lado espiritual e o lado social da saúde: Saúde é mais do que a ausência de doença. É a capacidade de se sentir bem e, a partir desse sentimento de harmonia interior, a capacidade de se envolver com a vida, se envolver com o trabalho e de se entregar ao amor. Só assim a vida é frutífera e floresce.

Como explicar a doença? Um modelo que atribua a doença a apenas uma causa no passado não leva muito longe. É verdade que isso tem sua razão em certa medida. Pois, se eu me alimento mal, não posso me admirar se o corpo adoece. Mas eu não posso generalizar esse modelo. Ou então eu diria a todo doente: "Você mesmo é o culpado por isso". O sentimento de culpa, no entanto, só o tornaria ainda mais doente. Penso que seja de ajuda o modelo de C.G. Jung. Ele fala de uma interpretação final da doença, ou seja, ele se pergunta qual seria o objetivo da doença: O que a doença quer me dizer? Eu não busco minha culpa no passado, eu olho no futuro.

A doença é um apelo para que eu dê novas diretrizes à minha vida. C.G. Jung fala de sincronicidade. A doença física muitas vezes coincide com uma situação psíquica difícil. Todavia não se pode aqui falar em causa. Não se pode afirmar se a condição espiritual causou a doença física ou se foi o contrário. Ambos os fenômenos são simplesmente concomitantes. Uma condição espiritual se expressa também fisicamente. Corpo e mente são partes de um todo. Ambos expressam as circunstâncias internas de uma pessoa, seja psíquica ou fisicamente. E por vezes os dois planos atuam ao mesmo tempo, sem que se possa dizer o que veio antes: o físico ou o psíquico. Nesse sentido, toda doença quer me dizer alguma coisa. Ela quer chamar a minha atenção para algo que até agora me passou despercebido.

O modelo de C.G. Jung nos ajuda também a entender melhor as histórias de cura da Bíblia. Jesus não diz a nenhum dos doentes: "Tu és o próprio culpado por isso". Ou: "Tua doença tem uma causa psíquica". Jesus chega uma vez a defender-se expressamente contra qualquer interpretação causal. Os discípulos lhe indagam ao verem um cego de nascença: "Quem pecou? Ele mesmo? Ou foram seus pais que pecaram, para que nascesse cego?" (Jo 9,2). Jesus respondeu: "Nem este pecou, nem seus pais, mas é necessário que nele se manifeste a atuação de Deus" (Jo 9,3). À vista disso, a doença existe para nos mostrar onde Deus quer atuar em nós. Ele nos aponta para nossa verdade através da doença. E Ele atua em nós na cura, libertando-nos da doença. Nós percebemos que não é por acaso que somos sãos. É no corpo que Deus quer nos falar e mostrar que devemos nos entregar a Ele de corpo e alma, para que na saúde e na doença nos deixemos impregnar por sua Glória, por seu Espírito, por seu Amor.

A saúde, portanto, não é uma propriedade nossa a qual podemos deter. Os médicos gregos da Antiguidade mostram como caminho de uma vida saudável: devemos viver de modo a corresponder à nossa essência. E devemos viver em harmonia com Deus. Então tornamo-nos saudáveis. Mas nenhum de nós vive sempre em harmonia com Deus, nenhum de nós é sempre saudável. Devemos fazer o que está em nossas mãos: viver de forma saudável, nos alimentar bem, ter atividade física suficiente, ser consequente em todas as coisas. Mas não temos garantia de 80 anos saudáveis. Nosso corpo desafia nossa mente a desenvolver perante a vida uma atitude saudável e consequente, a qual faça bem à nossa saúde física. A mente, no entanto, não tem o domínio do corpo a ponto de poder mantê-lo sempre saudável.

Quando o corpo adoece, ele chama a atenção de nossa mente para que nós nos voltemos para dentro, para o espaço interno silencioso, onde somos sãos, somos inteiros. Lá, na mais profunda essência, a doença não tem poder sobre nós. O caminho espiritual nos dá acesso ao espaço interno silencioso, onde a doença não tem alcance em nosso verdadeiro eu. Por isso o caminho espiritual é sempre também um caminho restaurador. Ele nos coloca em contato com a fonte de nossas forças curativas, adormecidas em nós.

A partir daqui será feita uma associação entre os pensamentos dos médicos gregos, que desenvolveram a teoria da vida saudável, e os pensamentos da espiritualidade cristã. E surge, assim, uma arte espiritual da vida saudável, a qual leva o corpo tão a sério quanto a alma. Não será de mesma importância para todos cada um dos passos deste caminho.

Eu gostaria de convidá-los a ler os pensamentos de forma livre de preconceitos. Todas as vezes em que o leitor se sentir interpelado, deve buscar em si mesmo aquilo que ele poderia melhorar em seu modo de vida. Eu não quero de modo algum moralizar ou determinar normas de como devemos viver uma vida saudável. Muito mais do que isso, eu gostaria de incentivá-los, no sentido de que percebam como cada um pode ser capaz de respeitar o seu corpo e o seu espírito, como cada um pode não só enfrentar as doenças físicas e psíquicas de uma forma terapêutica, como pode também, justamente na doença, afirmar a sua fé.

1
Permita-se espaço para respirar!

O ambiente pode nos curar ou adoecer

Os grandes médicos da antiga Grécia comparavam a tarefa do médico com a de um timoneiro que, com mãos habilidosas, conduz o navio humano, atravessando os perigos da vida. A teoria da vida saudável chama-se *dietética*. Os médicos gregos Hipócrates e Galeno descreveram ao todo seis aspectos que devem ser observados pelo homem para que ele possa viver uma vida saudável. O primeiro princípio de sua doutrina da saúde refere-se à forma correta de se lidar com a luz e o ar. Ele inclui, portanto, o meio ambiente. Não é indiferente o entorno em que eu vivo. Os antigos tinham ainda, na construção de suas casas, uma percepção saudável sobre o lugar em que é possível viver bem. E isso vale ainda hoje: ambientes escuros obscurecem também o espírito humano. O lugar onde moramos pode nos curar ou adoecer. Isso vale não apenas para os veios d'água ou a radiação da Terra, que podem nos prejudicar, mas também para os materiais com os quais construímos as casas. Hoje damos valor novamente aos materiais de construção naturais, e desenvolvemos também uma nova percepção no modo como dispomos as coisas em casa. Uma casa entulhada com todo tipo de coisa nos oprime, toma-nos o espaço para respirar. Através do modo como arrumamos os espaços internos de nossas casas, nossos escritórios, nossos hospitais, podemos colaborar com a saúde. Um lugar organizado de modo a corresponder com aquilo que sentimos internamente nos faz bem. Nele, nos sentimos bem. Isso favorece a nossa boa saúde.

A luz revigora nossas forças de defesa

Os médicos hoje sabem que a luz não ilumina apenas a mente humana, mas fortalece também os mecanismos de defesa do corpo. Casas e escritórios precisam de luz suficiente. De preferência, a luz natural. Quem vive unicamente em sua casa ou no seu escritório, e faz o trecho da casa até o lugar de trabalho sempre de carro ou de transporte público, priva-se de um fundamento importante para sua saúde. Hoje em dia, existe uma terapia de luz adequada para cada um. Em casos de depressão, há lâmpadas especiais que servem para iluminar a mente das pessoas. Mas o melhor ainda continua sendo caminhar bastante ao ar livre, e assim se expor à luz do sol. A cada estação do ano, a luz do sol nos chega de um modo diferente. Mas sempre é saudável deixar que ela atue sobre nós. Ela desanuvia nosso estado de espírito e estimula nosso corpo.

O ar puro revigora

Tão importante quanto a luz, assim é o ar. Precisamos de ar puro para podermos respirar oxigênio suficiente. Não basta apenas arejar bem os nossos cômodos, devemos também sair bastante ao ar livre, para que assim se revigorem nosso corpo e nosso espírito. Mas não se trata só do ar que temos aqui fora, ao nosso redor. Um caminho decisivo para a vida saudável é uma boa respiração. Uma respiração deficiente coloca o estado de espírito para baixo e pode inclusive deprimir, se continuar assim. Hoje, há muitas formas de terapias da respiração. Nos anos de 1970 estive muitas vezes com Graf Dürckheim, um psicoterapeuta da escola junguiana, que uniu psicologia e meditação zen, uma a outra. Para ele, a respiração envolve duas coisas: um barômetro, que me mostra em que condições eu me encontro e, ao mesmo tempo, um instrumento através do qual eu posso mudar alguma coisa em mim. Se minha respiração está agitada, ela me mostra minha inquietação interior. Uma vez que eu, conscientemente, deixo que flua a minha respiração, torno-me mais calmo, também em meu espírito.

Muitas pessoas encontram problemas com a fala porque não respiram direito ao falar. Então, sua voz fica vazia e sem força. Elas não alcançam ninguém com sua voz porque ela está desprovida de uma boa respiração. É por isso que o treinamento vocal começa sempre na respiração. Quando fazemos exercícios de respiração, a primeira coisa que interessa é não inspirar de forma ativa, mas sim deixar que o ar simplesmente nos venha. E então focar numa expiração mais lenta. Ao expirar, imaginamos que a respiração adentra a cavidade pélvica. E expirando lentamente, deixamos que nosso pensamento se liberte e libertamo-nos de nossa fixação em nós mesmos.

Libertar-se na respiração

Uma condição importante para a prática da respiração correta é a meditação. Graf Dürckheim sempre salientou que damos demasiada importância à inspiração e negligenciamos a expiração. Temos medo de não respirarmos o bastante. Mas quem acredita ser necessário fazer uma espécie de estoque de ar está desrespeitando seu próprio ritmo respiratório. Quando, na meditação, respiramos corretamente, a expiração dura o dobro do tempo da inspiração. Permitimo-nos o tempo.

Dürckheim dava importância, sobretudo, a esse espaço entre a expiração e a inspiração. Nesse espaço – assim pensava ele – trata-se de vida e morte. Pois ali se trata de se libertar do ego. É um instante em que eu não inspiro, nem expiro. Eu expirei, e estou esperando até que a inspiração venha por si só. Aquele que percebe conscientemente esse instante tem todas as tensões dissolvidas. Ele deixa de se agarrar a si mesmo, de controlar a si mesmo. Ele se entrega à vida. Ele se entrega afinal a Deus.

Atento e consciente

Antes de buscar socorro externamente e recorrer precipitadamente a medicamentos, deveríamos praticar aquilo que nos é presenteado diariamente: vamos observar diariamente a luz do dia, que brilha de graça para nós. Vamos perceber conscientemente a diferença da luz pela manhã e ao fim do dia, no inverno, na primavera, no verão e no outono! A qualidade de cada luz tem um efeito curativo.

E nós estamos sempre, e em toda parte, cercados por ar. Vamos percebê-lo com atenção quando inspirarmos! Vamos prestar atenção para que nos cômodos haja ar fresco o suficiente e para que arranjemos tempo para sair ao ar livre e nos expor à luz e ao ar! Nós respiramos a todo instante. Precisamos apenas fazer aquilo que fazemos sempre de forma mais consciente, e de modo a corresponder com nossa essência. Aí então sentiremos diariamente o efeito curativo da luz e do ar.

Meditar – A respiração como caminho para o centro

Na tradição espiritual, a meditação sempre foi entendida como um caminho frutífero para se encontrar o próprio centro e descobrir lá a fonte do Espírito Santo. A respiração era entendida como o caminho em direção à própria profundidade. Na tradição cristã, associou-se a respiração a palavras da Bíblia ou à Oração de Jesus: "Senhor Jesus Cristo, Filho de Deus, tende piedade de mim!" Aquele que repete essas palavras no ritmo de sua respiração é capaz de vivenciá-la como uma broca que atravessa a camada de concreto que o separa de sua fonte interior. É claro que às vezes a broca fica presa no concreto. É quando a meditação é apenas superficial. Mas quando a respiração, juntamente com a palavra, nos conduz à profundidade íntima, damo-nos conta dessa fonte que nunca seca. Na expiração, entra-se em contato com essa fonte interior. E na inspiração, nos é derramada, a partir desse íntimo, no corpo e na alma, a água que refresca e ao mesmo tempo clareia e purifica.

Na meditação entro em contato com minhas reservas internas. Enquanto eu for determinado pelos outros, minhas emoções serão marcadas e contaminadas por eles. A meditação é entendida pelo escritor da Antiguidade Tardia Cassiano (aprox. 360-435) como a purificação das emoções. Se eu não quero me deixar atormentar pela cólera, pela impaciência, a inveja ou o ciúme, então é preciso purificar as emoções. A meditação como purificação das emoções é, portanto, um caminho para o restabelecimento da alma.

Como se dá a pausa para o recolhimento

Para meditar, reservo planejadamente um tempo pela manhã. Mas existe também a todo o momento a possibilidade de uma pausa para um breve recolhimento durante o dia, em meio ao trabalho. A palavra recolhimento é cheia de significado. Eu me retiro, e recolho-me para dentro de mim mesmo. Eu me atenho ao meu interior e não ao exterior. Eu não me deixo determinar por coisas externas, mas vivencio sim uma interrupção, através da qual me volto para dentro e vivencio, no meu interior, um espaço de liberdade e magnitude. Assim se dá o recolhimento:

Sento-me por um instante, com atenção, e procuro me perceber por dentro. Observo a minha respiração: Ela flui tranquila e regularmente? Ou é possível notar uma inquietação interna? Presto atenção no meu corpo. Onde há alguma tensão? E então procuro perceber meu coração: Ele está sob pressão?

Aí então eu consigo, conscientemente, deixar que a respiração flua mais tranquila novamente. E se eu percebo alguma pressão sobre o coração, consigo desvencilhar-me dela. É, portanto, passando pelo coração e pelo corpo que o recolhimento nos conduz ao espaço interno da quietude, ao qual o trabalho e as preocupações não têm alcance. Assim eu vivencio, em meio ao trabalho, um espaço de liberdade. Esse espaço de liberdade dá ao trabalho um gosto diferente. Ele perde seu aspecto opressor e extenuante. Em meio ao trabalho, eu me encontro inteiramente centrado em mim. E centrado em mim mesmo, não sinto qualquer pressão externa. Eu dedico-me ao trabalho. Mas o trabalho não me determina e não me domina. O trabalho não me toma de mim mesmo. Ele é muito mais a exteriorização do meu espírito. Ele flui de meu íntimo. E as pessoas a minha volta sentirão o meu espírito naquilo que eu faço.

2
A cultura do comer e beber

O que nos alimenta verdadeiramente

Hoje existe um novo modo de entender a alimentação saudável. Não se trata mais apenas de se satisfazer, mas sim de se nutrir. E a questão é saber o que realmente nos nutre e o que faz bem ao nosso corpo. O tema "comer" é bastante delicado. Percebemos também em nosso mosteiro que as pessoas não conseguem mudar seus hábitos alimentares tão facilmente. Em muitos casos, comer está associado ao medo de ficar com pouco. Ou tem-se o medo de que qualquer outra coisa não agrade ao paladar. Tem-se saudade do gosto da comida de casa. Comer envolve amor e entrega. Se comer passa agora a ser apenas uma questão de se ter mais saúde, surge o medo de que não se possa mais desfrutar da refeição. No entanto, é possível unir as duas coisas: cozinhar de modo que se obtenha uma comida saudável, mas também bastante saborosa para podermos apreciá-la.

Uma boa cultura alimentar

Volta e meia surgem novas definições a respeito de tudo o que é prejudicial. Muitos chegam a adoecer porque não pensam em outra coisa se não na alimentação saudável. Mesmo nesse aspecto é preciso haver a medida certa. Paulo já se defendia, na primeira Carta aos Coríntios, contra a ideologização do comer: "Não é a comida que nos torna agradáveis a Deus; comendo, não ganhamos nada; e não comendo, nada perdemos" (1Cor 8,8). Como Deus não nos julga, não devemos também julgar uns aos outros, se um come carne, o outro não; se esse faz essa dieta, aquele uma outra. É importante ativar a razão e ver com clareza o que faz bem, e o que não faz bem. E tão importante quanto isso é comer e beber com prazer.

Todavia, não se trata apenas do *que* comemos e bebemos, mas também de *como* comemos e bebemos.

No aspecto psicológico, uma coisa sempre chama a atenção: o modo como uma pessoa come é também, via de regra, o modo como ela lida com as coisas e as pessoas. Aquele que devora a comida tende a ser também aquele que explora ou "devora" os outros. Ele não terá cuidado no trato com a natureza nem com seus semelhantes. A pessoa que costuma devorar a comida também não é capaz de apreciá-la. Quem aprecia, tende a comer mais desaceleradamente. Não é à toa que um movimento contrário ao *fastfood* chama-se: *slowfood*. O que nele se busca é uma alimentação saborosa, consciente e regional, como movimento contrário à tendência ao *fastfood* padronizado, globalizado.

Mas mesmo entre os "comedores lentos" há exageros. Há aqueles que comem devagar e que seguram uma comunidade inteira em torno de si. Eles não apreciam a comida, em vez disso celebram a sua morosidade ao comer. Em alguns casos, tenho a impressão de que essas pessoas enquadram-se mais entre as deprimidas. Com essa morosidade ao comer, elas vivem a sua agressividade reprimida, deixando os outros, que têm de esperar por eles, agressivos. Hoje em dia é manifesto que uma cultura alimentar boa e saudável não é mais algo evidente. A medida do que é rápido e o que é devagar ficou confusa. Mas também a medida de quanto eu como e bebo já se perdeu inúmeras vezes. Uns comem demasiadamente e bebem muito álcool. Outros comem pouco demais, tendendo à anorexia. Em todos os casos, o corpo padece. Tanto o comer quanto o beber podem levar ao vício patológico. Tanto no caso da compulsão alimentar quanto no da anorexia, o que se quer é obter imediatamente aquilo que se deseja. Por trás da compulsão alimentar esconde-se muitas vezes o desejo de amor; por trás da anorexia, o desejo de poder decidir tudo sobre sua vida, manter tudo sob controle. Por trás do alcoolismo esconde-se geralmente o desejo de um mundo intacto, onde as pessoas se sintam protegidas. A cura pode acontecer no momento em que o vício voltar a ser esse desejo.

Comer com atenção

Também nas vezes em que como só, recolho-me internamente por um instante para agradecer a Deus por aquilo que me é permitido desfrutar. Esse recolhimento me permite perceber que é meu desejo comer com atenção, e não simplesmente devorar a comida. E Ele me transmite a mensagem: são boas dádivas divinas, um presente de Deus para mim. Quando os budistas fazem uma oração à mesa, eles não agradecem apenas a Deus por sua dádiva, mas também às pessoas que prepararam aquela dádiva. São muitas as pessoas envolvidas para que essas frutas, esses vegetais, essa carne chegasse à nossa mesa. Eles ajudaram para que a terra pudesse dar os frutos. Eles os colheram e os prepararam, de modo que hoje podemos comê-los. Esse é o tipo de atenção que não faz bem somente aos budistas: se nós a praticamos, a refeição nos une a todas as pessoas que trabalham e atuam por nós por todo o vasto mundo. Ela nos une também à criação, de cujas dádivas desfrutamos. E isso faz bem ao corpo e à mente.

Comer em união

Antigamente, a família costumava se reunir ao fazer as refeições. Hoje, muitos comem sozinhos porque os horários dos pais e dos filhos não são mais compatíveis. Portanto, não há mais a hora da refeição, mas sim a hora de se saciar. E, com isso, perde-se também uma cultura própria do comer e beber. A refeição deve ser entendida como aquela determinada hora em que comemos juntos e nos regozijamos com as dádivas da criação. A refeição tem início com uma prece, uma bênção à mesa, deixando claro a todos que comer em união é algo sagrado. Nós apreciamos as dádivas divinas. Apreciamos as dádivas que nos são oferecidas por Deus e através das quais Ele manifesta a sua bondade. A bênção da mesa desperta em nós a confiança de que o alimento nos será uma bênção. Não iremos verificar temerosos se todos os alimentos são saudáveis, ou quantas calorias estamos ingerindo. Colocamos nossa refeição sob a bênção de Deus. No alemão, a palavra para refeição *Mahl* tem a mesma raiz da palavra em latim *medicus*. Em sua origem, a refeição tem, portanto, alguma relação com a saúde. A refeição fortalece nosso corpo e alimenta nossa alma. Ela serve à nossa saúde. A saciedade nos torna pesados e lentos. Já a refeição nos renova e nos estimula a conversas inspiradoras.

Um ritual

Recolha-se para dentro de si mesmo antes de se alimentar, esteja você só, ou reunido com os outros. Olhe para a comida que você preparou ou que outros prepararam para você. Então faça a bênção da mesa. Agradeça a Deus por todos esses alimentos maravilhosos. Agradeça a Deus por Ele lhe proporcionar esse prazer, por Ele permitir que você se regozije com suas dádivas. E então olhe para as pessoas com as quais você fará a refeição. Agradeça também por eles todos. Peça a

Deus que Ele una vocês uns aos outros, que Ele esteja entre vocês e que abençoe aquela reunião. Depois então sirva-se, ou sirvam-se juntos, e esperem até que todos tenham se servido. E então podem começar a comer juntos e desfrutar. Assim, a refeição ganha dignidade. Assim, a refeição torna-se um momento sagrado.

3
Jejum: o que purifica o corpo e a alma

Um bom equilíbrio

Nos períodos de festa, sobretudo no fim do ano, geralmente acabamos exagerando um pouco nas comidas e bebidas. Falamos até do "pneuzinho das férias" para nos referir aos quilos a mais que ganhamos nesse período. E é interessante notar que a Quaresma, instituída pela Igreja antes da Páscoa, nos ajuda a rever nossos hábitos alimentares, nossa conduta com a bebida, e nos motiva a purificar o corpo por meio do jejum, equilibrando os excessos acumulados em nosso organismo.

Os médicos da Antiguidade já entendiam que um estilo de vida saudável inclui um bom equilíbrio entre os dois polos: comer e beber, de um lado; jejuar, do outro.

Jejum como purificação

No jejum não estamos rejeitando a comida. Apenas abdicamos dela por um período, conscientemente. O jejum é uma forma antiga de tratamento para a cura. Em todas as culturas e religiões, há o tempo do jejum. Uma vez que eu abdico da comida por uma semana e apenas bebo bastante líquido, comprovo para mim mesmo: não sou dependente da comida. Eu adquiro um sentimento de liberdade. Além disso, o jejum desintoxica. Ele purifica o corpo. Justamente o mês de fevereiro sempre foi, em todas as culturas, um mês de purificação, no qual as pessoas expurgam a escuridão, mas também tudo de impuro e obscuro que estava impregnado em nosso corpo. A purificação do corpo e da mente é o propósito do jejum.

Desfrutar com gratidão

No jejum interrompemos nosso hábito de comer, para depois o retomarmos, de forma consciente e inteiramente renovada. O fim do jejum é tão importante quanto o próprio jejum. A pessoa que sai do jejum ávida por recuperar tudo aquilo de que abdicou no tempo do jejum não entendeu nada sobre o jejum. A essa pessoa o jejum faz mais mal do que bem. O jejum deve nos convidar a apreciar e desfrutar do segredo dos alimentos de forma serena e renovada. Quando eu mastigo uma fatia de pão depois do jejum, eu percebo o quanto o pão é saboroso. Eu aprecio o sabor e estou aberto para os diferentes sabores que são próprios de cada alimento. Sei apreciar a comida com um novo prazer e com gratidão. Essa prática, quando continuada, é o que há de mais saudável para o ser humano, mais saudável do que muitas das coisas que preconizam as teorias sobre alimentação saudável.

Uma limpeza geral faz bem ao corpo e à alma: o tempo do jejum é uma espécie de limpeza anual, para corpo e alma. O jejum não desintoxica apenas o corpo, mas também a alma: pelo tempo, que se torna maior, e pela quietude.

Mas essa limpeza anual pode se estender também à casa. No nosso mosteiro, reservamos todos uma mesma tarde, na qual cada um procura liberar a sua cela de tudo o que é supérfluo.

São Bento recomenda a nós monges que, no início do tempo de jejum, estabeleçamos um plano de atividades voltado àquilo que queremos praticar naquelas sete semanas, tempo em que oramos mais, falamos menos, meditamos mais intensamente e temos mais cuidado no trato com as pessoas.

Pense no que você pretende nesse tempo de jejum. Estabeleça uma programação. O objetivo do jejum é desenvolver a sustentação da liberdade interior.

Faça uma limpeza geral no seu tempo: verifique os compromissos a que se propôs. Pense em como você pretende limpar o seu tempo e onde você pretende fixar rituais, nos quais você se volta para si mesmo, nos quais você se retira do cotidiano e mergulha no mundo da quietude.

Com qual ritual você pretende dar início ao jejum? Com qual ritual você pretende finalizá-lo? Quando você pretende tomar o tempo para o sossego, a meditação, a leitura?

Faça uma limpeza na sua casa: no jejum devemos nos purificar de tudo o que obscurece o pensamento. Disso faz parte também a nossa casa. Às vezes, ela nos impede de respirar. Você irá perceber que a limpeza irá libertá-lo.

Percorra os espaços da sua casa com consciência. Observe bem onde a sua casa está muito cheia. Onde o sufoca o excesso de coisas que estão por toda parte? Pense: O que você poderia doar? O que precisaria ser descartado?

Simplifique a refeição no tempo do jejum: estabeleça também nessa hora rituais para o seu café da manhã, o seu almoço e seu jantar.

Como você pretende que seja a hora em que você come? O ritual da refeição simples, do qual você no entanto desfrutará lenta e conscientemente, lhe fará bem e lhe proporcionará uma nova sensibilidade para o prazer de uma refeição sagrada.

Sentir-se bem no próprio corpo

Para muitas pessoas, o jejum tem em si algo de severo e pesado. Mas aquele que se permite uma vez a experiência de viver por uma semana apenas de líquidos, abdicando da comida sólida, irá perceber como o jejum o liberta. Os primeiros dois dias são um pouco penosos. Mas a pessoa que se preparou bem para o jejum, uma vez que eliminou as impurezas do intestino, e a pessoa que toma diariamente pelo menos três litros de água ou chá, irá perceber que o jejum a torna mais sensível ao próprio corpo. A pessoa sente o ar, os cheiros, o vento, o sol, de forma mais consciente. Os sentidos ficam mais apurados. As mãos tornam-se mais sensitivas. No início do jejum, somos confrontados com nossas emoções reprimidas, que por tantas vezes encobrimos com a comida para não ter de percebê-las. Mas aquele que ousa esse encontro sincero consigo mesmo irá vivenciar o benefício do jejum: clareza, amplitude, leveza e liberdade internos. Ele sente que não é dependente, seja de café, de álcool ou de doces. Isso fortalece a autoconsciência.

O intuito não é que no jejum a pessoa se submeta a um fardo fastidioso. O exercício da liberdade interior deve ser marcado pela alegria de viver. Aquele que se sente livre internamente é feliz, sente a si mesmo de outra forma. E é para isso que nos treinamos no tempo do jejum, para perceber: eu mesmo vivo, ao invés de ser vivido. Eu moldo a minha vida do modo que ela me faz bem. Isso fortalece a autoestima e a saúde.

4
Viver em ritmo equilibrado

Os polos: movimento e repouso

Segundo os antigos ensinamentos em prol de um estilo de vida equilibrado – ou seja, saudável para o corpo, mas também para a alma e o espírito – faz parte da vida saudável uma medida salutar de movimento e repouso. A medicina moderna também já redescobriu a ação curativa de um ritmo equilibrado.

Se eu associar bem esses dois polos em mim: o movimento e o repouso, a oração e o trabalho, viverei então, com o passar do tempo, uma vida saudável. Viverei – como se diz hoje – de forma sustentável: eu lido com minhas forças de um modo sustentável, e não displicentemente.

Atividade física faz bem

Faz bem a nós caminhar, correr, nos mover. Há pessoas que se movem muito pouco e ficam doentes não apenas fisicamente. Elas em geral também se amuam, depressivas. A atividade física não permite apenas que percebamos nosso corpo de forma mais intensa, ela também faz bem a nossa alma. Movimento é vida. Ele nos mantém vivos, alivia as tensões, beneficia a irrigação sanguínea e ainda, como é sabido pela comunidade médica, ativa o cérebro. Muitas pessoas estipulam para si um programa diário de atividades físicas. Elas correm, ou praticam *nordic walking*, nadam, ou vão simplesmente caminhar. Como muito do que fazemos hoje fazemos sentados ou parados em pé, nos faz bem o movimento diário. Ao correr, muitos músculos são ativados. Isso tem um efeito curativo sobre todo o corpo e sobre o espírito. Além disso, através da atividade física, é liberada a endorfina, o chamado hormônio da felicidade, de modo que o movimento desanuvia também o estado de espírito.

A atividade física revigora

Justamente as pessoas ativas vivenciam a fonte de suas forças melhor ao caminhar do que quando sentadas, quietas. Ao subir uma montanha, elas entram em contato com sua energia vital. Se anteriormente elas ainda se sentiam esgotadas e frustradas com o trabalho, a caminhada as leva a entrar em contato com sua fonte interior. É possível que elas suem ao subir a montanha, e se sintam cansadas. Mas apesar da exaustão, elas experimentam um frescor interno. Uma força nova se espalha por dentro delas. As preocupações do dia a dia são praticamente varridas. A cabeça fica livre novamente. Outras pessoas andam de bicicleta depois do trabalho. Nessa hora, elas conseguem se libertar de tudo o que as oprime. Elas desfrutam da paisagem em sua amplidão, e percebem como a visão dessa paisagem torna amplo também o seu coração. As experiências que temos juntos à natureza, ao fazermos caminhadas, ao andarmos de bicicleta, ou de outra forma, têm sobre nós esse efeito tão regenerador, inclusive pelo fato de nos colocar em contato com vivências importantes da nossa infância, quando podíamos viver ainda com liberdade o nosso impulso vital por movimento, e também pelo fato de que isso nos torna conscientes, de uma forma renovada e intensa: na criação divina, percebemos algo da plenitude inesgotável da vida, da qual nos é permitido participar.

Encontrar a paz

Tão importante quanto o movimento, assim também é a tranquilidade. Muitos alcançam sua tranquilidade até mesmo na prática esportiva, por exemplo, no correr sem destino e, consequentemente, quase meditativo. Correr pode ser uma atividade contemplativa, como uma meditação. Mas é claro que pode ser também uma atividade intranquila, uma fuga de si mesmo. Aquele que é incansavelmente ativo e nunca se tranquiliza, aquele que tem sempre a necessidade de estar empenhado em se mover também corre o perigo de estar fugindo de si mesmo. O processo para se ficar em paz não é apenas corporal, não consiste simplesmente em não fazermos nada e ficarmos sentados. Muitas pessoas hoje desejam com urgência estar em paz. Mas basta que nada aconteça e elas ficam nervosas e entram em pânico. Isso porque nessa hora elas são confrontadas com sua própria verdade. Decepções vêm à tona, ou mesmo sentimentos de culpa. Diante disso, preferimos fugir. Por isso, vale a frase de Jesus como condição para se alcançar a paz: "A verdade vos libertará" (Jo 8,32). Apenas quando conseguimos olhar para nossa própria verdade, na confiança de que ela é aceita por Deus, conseguimos realmente encontrar a tranquilidade. Àqueles irmãos mais inquietos que querem fazer todo o possível para os outros, mas que mal conseguem suportar a si mesmos, os mestres-monges psicologicamente mais sensíveis dizem: "Fique sentado em sua cela. Suporte-se com a sua inquietação. Só assim você obterá a paz". Mas só consegue permanecer em sua cela aquele que não faz julgamento sobre tudo o que lhe vem à tona de decepções, aborrecimentos, insatisfações. Ele simplesmente suporta e entrega tudo a Deus. E então ele consegue se libertar, e assim chegar à paz.

Orar e trabalhar

Mas movimento e repouso têm ainda relação com outro aspecto. Seria possível reformular esse equilíbrio com a fórmula beneditina "ora et labora = ore e trabalhe". Para São Bento, um sinal de uma pessoa espiritualizada é o fato de ela trabalhar bem, o fato de o trabalho simplesmente "fluir" de suas mãos. Mas para que o trabalho possa fluir, precisamos também entrar sempre em contato com a fonte do Espírito Santo que está dentro de nós. A prece é o caminho para se entrar em contato com essa fonte. Orar é aqui, sem dúvida, também uma atividade. Há quem confunde a oração com "pensar em si mesmo", "preocupar-se consigo mesmo". A oração, no entanto, é um caminho para a fonte. Eu procuro, no silêncio, chegar à fonte que jorra no centro da minha alma. Mas essa fonte quer jorrar também para dentro do meu trabalho. Volta e meia, percebo pessoas que não conseguem, de modo algum, chegar à fluidez, por puro "preocupar-se consigo mesmas". Elas pensam sempre apenas em si mesmas e têm medo de serem sobrecarregadas. Ou estão constantemente doentes, porque pensam demais no próprio bem-estar. No caso das crianças, é o entusiasmo que ativa o seu cérebro e que desperta nelas novas forças. Assim também deve ser entendida a oração. É o contato com a fonte do Espírito Santo. Ou – poderíamos também entender assim – é o encontro com o Espírito que está em mim, e que quer me entusiasmar perante a obra que o Espírito de Deus quer realizar através de mim.

Precisamos de momentos para a paz e a quietude

O filósofo dinamarquês Søren Kierkegaard (1813-1855) disse uma vez: "Na atual condição do mundo toda a vida está doente. Se eu fosse médico e alguém me perguntasse: O que você aconselha?, eu responderia: Dê um jeito de ficar em silêncio!" Todos nós precisamos, portanto, vez ou outra, de momentos de silêncio, nos quais possamos nos retirar, afastando-nos de todo o ruído que já nos cerca por tempo suficiente, o ruído do trabalho, ou mesmo das muitas conversas. O ruído nos faz padecer. Aquele que se expõe constantemente ao ruído externo, aquele que não consegue desligar o ruído interno, adoece.

Cada um desenvolve seu método para conseguir se retirar de todo o ruído. Uns vão caminhar, outros fazem o que chamam de um dia de deserto, um dia de aprofundamento e concentração espirituais, longe das demandas do dia a dia. Outros se retiram em seus quartos e desligam o telefone da tomada para que assim fiquem inacessíveis. Todos precisamos da possibilidade de nos retirar, para assim encontrarmos apoio, um apoio firme, sobre o qual possamos ficar de pé. Esse retiro está sempre associado ao respeito consigo mesmo. Eu me preservo, lido com respeito comigo mesmo, para que minha fonte interna possa fluir novamente. Em um mundo histérico e barulhento é preciso tranquilidade para descobrir a força existente em nós. As pessoas que vivenciam o silêncio ganham forças para o dia a dia. Elas beberam de sua fonte interior.

A força vem da paz interior

Ora et labora não significa, portanto, simplesmente reservar para mim o momento da oração e da quietude, para então poder enfrentar melhor a hora do trabalho. Trata-se da união interna desses dois polos: em meio ao trabalho, eu devo sempre me conscientizar de que não sou eu que tenho que fazer tudo, mas que isso flui a partir da fonte do Espírito Santo que há dentro de mim. Isso modifica também o meu trabalho. Ele se torna menos exaustivo. Ele apenas flui de dentro de mim, sem que com isso eu fique esgotado. A arte consiste, portanto, em se deixar atuar no trabalho a partir dessa paz interior. Mesmo quando estou ativo, há em mim um lugar de quietude interior, onde brota em mim a fonte do Espírito Santo. O importante é que, no trabalho, eu me lembre sempre de que a minha mais íntima essência está tranquila, e que lá jorra em mim uma fonte inesgotável.

É da paz interior que vem a força. Aquele que trabalha exasperadamente espalha esse estado de espírito por todo o seu entorno, esse estado febril que não faz bem a ninguém. Quem trabalha exasperadamente não respeita a si mesmo. Exasperar-se é como irritar-se. A pessoa exasperada trabalha menos que a tranquila. A partir da minha paz interior, eu trabalho com mais clareza e eficiência. Eu não desperdiço tanta energia. Consigo me entregar por completo ao trabalho. O trabalho flui de dentro de mim. O elo tranquilidade e movimento é, portanto, a condição para um trabalho bom e efetivo.

O benefício das pausas

Aquele que faz pausas alcança mais facilmente a paz. A palavra "pausa" vem do grego "anapauso", descanso. Significa uma interrupção benéfica no cotidiano habitual. Eu fico quieto. O prefixo "ana" significa "para cima". A pausa tem relação com olhar para o alto. Eu não olho simplesmente para o caminho que eu sigo ou para o trabalho que eu faço. Eu olho para cima, em direção ao céu. A pausa tem relação com a invasão do céu na minha existência terrena e na minha atitude no mundo. Eu me recolho em mim para sentir o céu acima de mim, para sentir Deus acima de mim, ao redor de mim e em mim.

Eu fico feliz pelo fato de o dia a dia monástico me dar a oportunidade de fazer pausas. A principal delas é a pausa do meio-dia. Ela começa com a oração em coro, a Oração das Doze Horas, na igreja. Então almoçamos em silêncio. Depois então eu me deito por meia hora para descansar. Não são todos que podem se dar ao luxo de uma pausa longa na hora do almoço. Porém, todos deveriam tirar proveito dessa hora. Há pessoas que se retiram intencionalmente do ambiente de trabalho e saem ao ar livre, ou vão a algum lugar onde se sintam bem. Há aquele que desfruta da refeição. Ele come intencionalmente devagar e saboreia bem a sua comida. Há também aquele que se deita por alguns minutos sobre o chão, ou senta-se confortavelmente numa poltrona para descansar, e assim liberar, na expiração, tudo o que ficou para trás. Há quem busca intencionalmente alguma distância de seu escritório, senta-se numa igreja próxima, e aprecia a quietude. E ele se sente cercado por algo sagrado, por uma realidade que restaura sua alma. E há ainda quem tem essa experiência passeando no parque. Ao sair caminhando vigorosamente, ele se liberta daquilo que o oprime.

O importante é observar o seu dia de trabalho e refletir: Estou contente com o modo como conduzo minhas pausas? Se não, pense no que você pode fazer para mudá-lo. Estabeleça um tempo determinado para a pausa. Pergunte-se: É importante que você encontre pessoas, ou você quer esse tempo para estar apenas consigo mesmo? E perceba então qual é a sua necessidade.

Dar ritmo ao tempo

Há diversas possibilidades de se administrar bem o tempo. Um caminho para tal consiste também em viver um ritmo saudável. Já temos a experiência de como o tempo é sempre ritmado. As estações do ano dão ao tempo o seu ritmo, mas também a manhã, a tarde e a noite estruturam o tempo de cada um dos dias. Se eu me deixo conduzir pelo bom ritmo do tempo, pela estrutura estabelecida dos dias, isso me faz bem. Deixar-se conduzir pelo ritmo da vida é saudável. Cada um tem o seu próprio biorritmo. Se eu começo a trabalhar constantemente em desacordo com esse ritmo, logo fico cansado, sinto-me extenuado. Mas se, ao contrário, eu vivo de acordo com o ritmo de minha vida e de minha alma, então estou em harmonia comigo mesmo. Eu não tenho a impressão de estar dilacerado e estressado. E o trabalho brota de minhas mãos. Mas eu não sou escravo do trabalho. Eu sou capaz de perceber sentido na relação com aquilo que eu faço. Para C.G. Jung, quem trabalha no seu ritmo trabalha mais efetivamente. Quem se deixa determinar pela agenda de compromissos, de modo a contrariar o seu próprio ritmo, não está lidando com suas forças de uma forma sustentável. Em pouco tempo, deve desabar. Os gregos chamam a essa extemporaneidade, isso que vai contra o ritmo interior, "aoros". Não significa apenas "sem tempo" ou "contra o tempo", mas também "disforme", "feio". Aquilo que vai contra o nosso ritmo interno é feio. Contradiz a nossa essência, nossa dignidade. Não nos faz bem e não é saudável.

Vias internas de introspecção

Para que mesmo durante o trabalho eu esteja em contato com a minha fonte interior, eu preciso, repetidamente, de vias internas de introspecção, através das quais eu atinjo a percepção sobre mim mesmo. Uma ajuda importante para percebermos, durante o trabalho, essa paz interior, para percebermos a nós mesmos, vivenciarmos nosso âmago, consiste em rituais. Eles sempre são capazes de recuperar um tempo sagrado, um tempo que foi tomado do mundo. Desse modo, mesmo quando estou ocupado, eu vivencio algo de que a ocupação e as exigências do trabalho não podem dispor. Isso me dá a possibilidade de permanecer internamente livre durante o meu ofício, e de não me deixar determinar pelo que vem de fora. A força dos rituais consiste no fato de que eles nos proporcionam o sentimento de que somos nós mesmos que vivemos, e não de que somos vividos. Cada um pode desenvolver o seu próprio ritual. Não podemos estar em contato com a nossa fonte interna durante todo o dia, porém, precisamos de rituais diários, através dos quais nos recolhemos em nós mesmos, para sentir o próprio âmago, e nesse âmago, a fonte que brota em nós. Sem esse recolhimento essa fonte resseca, ou nós perdemos nossa relação com ela.

Devagar, passo a passo

O mundo em que vivemos e nosso cotidiano de trabalho são, em geral, marcados pela pressa. Por isso faz bem, em algum momento, dar uma ênfase contrária a essa condição, de forma consciente. O melhor é escolher um pequeno caminho, o qual deve ser percorrido devagar, conscientemente, todos os dias. Pode ser o subir as escadas. Pode ser o caminho até a caixa de correios, ou um caminho num jardim. Pode ser um caminho que você faria de qualquer modo todos os dias. Mas também pode ser um caminho que se cria intencionalmente, como um ritual, como um passeio no seu jardim.

Procure caminhar bem lentamente. Dê um passo após o outro. Sinta o ar bater em suas mãos. É bom que nessa hora você possa estar apenas para si mesmo, sem a presença de expectadores. Mas, uma vez que você caminha bem lentamente, você percebe o que significa estar inteiramente naquele instante, em que consiste dar passos, caminhar, vivenciar o mundo. Você está inteiro no seu caminhar. Você não tem que cumprir nada. Não precisa se concentrar. Você verá que caminhar lentamente lento desacelera você por dentro. Verá como você tem acesso ao seu coração. Se você treinar isso diariamente, notará uma mudança dentro de si. Você pode associar essa caminhada a um determinado horário do dia (pela manhã ou no fim da tarde, ao voltar do trabalho para casa) ou a um determinado lugar (o corredor da sua casa, as escadas, o caminho até a caixa de correspondências). E então notará, todos os dias, um pouco dessa desaceleração em sua vida.

5
Dormir e despertar

O que perturba o sono

Muitas pessoas se queixam hoje em dia por sofrerem de insônia. A insônia tem muitas causas: há aqueles que não conseguem dormir por causa dos seus problemas e porque não conseguem se desvencilhar de suas preocupações. Outros, quando é noite, simplesmente não vão dormir. Acreditam que ainda precisam resolver isso ou aquilo. Em geral, dão muita importância para si mesmos. Ou então se sentam em frente à televisão porque estão muito cansados para fazer qualquer coisa útil. Mas aí ficam sentados mais tempo do que isso poderia lhes fazer bem. No dia seguinte ficam aborrecidos pelo fato de terem novamente desperdiçado tanto tempo em frente à televisão. Nesse caso, é bom que se estabeleça uma hora certa em que se vai dormir. Não se trata aqui da pessoa se forçar a um cronograma diário. Trata-se sim de se conseguir espaço no tempo através de uma agenda inteligente, espaço onde se possa desfrutar do tempo ou mesmo fazer aquilo que se gosta. E há ainda os que perdem a vida dormindo e se oprimem ante a responsabilidade. Os médicos da Antiguidade já entendiam como uma condição própria da vida saudável uma alternância equilibrada entre o tempo do sono e o tempo de estar acordado. O pediatra e psicanalista inglês Donald W. Winnicott imortalizou esse antigo conhecimento terapêutico num pequeno poema, ao qual ele deu o nome "O Sono": "Deixa crescer tuas raízes / para dentro da tua alma. Absorve a seiva / da fonte inesgotável / do teu inconsciente / e / seja infinitamente vivo".

Cada um tem sua própria medida

De modo que devemos nos restabelecer para a vida através do sono, e não fugir da vida através dele. Nesse sentido, é importante o primeiro princípio da vida saudável: em tudo ser moderado, também no sono e no tempo acordado. Cada um tem a sua própria medida. São Bento considera de grande importância que os monges não tenham tempo demasiado de sono, mas também que esse tempo não seja curto demais. E nesse ponto, concede aos monges mais tempo no inverno do que no verão. Isso corresponde ao nosso ritmo interno. No que se refere a esse ritmo, leva-se em conta também que pessoas mais velhas precisam de menos sono do que as jovens, ou que mulheres necessitam de mais sono do que os homens. Só uma coisa é certa: quem sempre dorme muito pouco prejudica sua saúde. Mas também aquele que dorme demais não vive uma vida saudável. Cada um deve descobrir a sua própria medida. Quem medita bastante e vive o seu dia a dia com atenção precisa de menos tempo de sono. Mas é também uma questão de humildade admitir para nós mesmos que precisamos de tempo de sono suficiente, para então acordarmos e seguirmos despertos para a vida.

Sonhos: linguagem esquecida de Deus

Durante o sono, sonhamos. Mesmo não nos lembrando sempre dos nossos sonhos, sabemos que os sonhos são importantes. Aquele que, por alguma razão, é constantemente impedido de sonhar, ou aquele que, por beber demais à noite, ou por tomar medicamentos em excesso, impede a si próprio de sonhar, adoece com o passar do tempo. Os sonhos são como a digestão da alma. Frequentemente nos transmitem uma mensagem importante e nos mostram em que condições nos encontramos. Eles nos chamam a atenção para questões que precisamos trabalhar em nós. E, muitas vezes, nos mostram também atitudes que devemos tomar. Há pessoas que têm medo dos pesadelos que oprimem ou amedrontam. Considerando-os psicologicamente, também esses sonhos são bons. Eles nos forçam a nos colocarmos diante da nossa própria verdade interior. Como acontece nos sonhos de perseguição: despertamos suados do sono quando alguém nos persegue ou nos ameaça de morte. No entanto, aquilo que nos persegue no sonho aponta para um lado sombrio em nós. Devemos nos tornar mais amigos desse lado sombrio. Muitas vezes, ele passa a ser uma fonte de nova energia e de vitalidade. John Sanford, um aluno de C.G. Jung, descreveu os sonhos como "a linguagem esquecida de Deus": nos sonhos, Deus nos revela a própria verdade. Mas, com frequência, Ele também nos mostra, através dos sonhos, que alguma coisa nova se manifesta em nós. Como quando sonhamos com crianças, o que é sempre um sinal de que algo novo está sendo gerado em nós. Sinésio, o bispo que no século IV escreveu um tratado sobre os sonhos, diz: muitos poderiam descobrir no sonho a medicação para sua doença. Trata-se também de uma experiência perfeitamente possível de se viver hoje em dia. As pessoas podem reconhecer no sonho aquilo que faz bem à sua alma. Não meramente no sentido literal, como se lhes fosse indicada uma planta medicinal. Pode acontecer de vermos pessoas nos sonhos, junto às quais devemos buscar conselhos. Ou ouvimos alguma palavra que nos aponta um caminho.

Não se ponha o sol sobre o vosso ressentimento (Ef 4,26)

A Carta aos Efésios pede que não deixemos que o sol se ponha sobre o nosso ressentimento. Muitos cristãos cumprem essa reivindicação e procuram, antes de ir dormir, fazer as pazes com aqueles com quem têm algum conflito. Casais já têm por hábito esclarecer as brigas antes do cair da noite ou pelo menos sinalizar ao outro que não guarda qualquer rancor. Essa regra foi inculcada aos monges por Evágrio Pôntico, e São Bento incluía esse exercício entre os hábitos da vida espiritual. Evágrio fundamenta essa regra psicologicamente. No seu entender, aquele que vai irritado para a cama será acometido por pesadelos durante a noite. Ele irá se deparar com animais ferozes e cobras peçonhentas. Eles irão lhe tomar as forças por dentro, de modo que ele acordará pela manhã dilacerado e amedrontado, sem forças para enfrentar o dia. O sono saudável – assim nos mostra essa regra – tem sempre também uma dimensão ética. Assim diz o provérbio: "A consciência tranquila é o melhor travesseiro".

Como lidar com a insônia

O que devem fazer então as pessoas que sofrem de distúrbios do sono e, por exemplo, não conseguem adormecer? "Muitas coisas – tais como amar, dormir, agir naturalmente – falham, na maioria das vezes, quando nos esforçamos demais por consegui-las". Foi o que disse uma vez o escritor cristão C.S. Lewis. De modo que é importante não lutar contra si mesmo. O primeiro caminho para um sono saudável passa por bons rituais ao final do dia. Os rituais fecham uma porta e abrem outra porta. A porta do dia precisa ser fechada para que se possa abrir a porta da noite e do sono. Se eu não consigo adormecer, uma simples oração pode ser de grande ajuda. Para alguns, o rosário; para outros, a Oração de Jesus. São duas orações que vivem de sua repetição e de sua simplicidade. Na Oração de Jesus, posso envolver os braços sobre o peito e, nessa posição, unir sempre a minha respiração à palavra: "Senhor Jesus Cristo, Filho de Deus, tende piedade de mim!" Dessa forma, em oração, eu me sinto então carregado por Deus. Não me fixo na ideia de adormecer o mais rápido possível. Não é mais tão importante quanto tempo eu vou dormir. Pois, nessa posição, estou protegido e descanso. Se durante a noite eu despertar, isso pode ser uma oportunidade de pedir a Deus, como o fez Samuel, na Bíblia: "Fala, Senhor, que teu servo escuta". O que Deus quer me dizer? Não é o caso de ficar remoendo, virando de um lado para o outro e assim acabar por se consumir. É uma oportunidade que eu tenho de conversar com Deus sobre minha vida, ou simplesmente de aproveitar esse tempo acordado para rezar por mim mesmo ou para os outros. Em algum momento, então, através da oração ou na oração, eu vou adormecer. Muitos receiam dormir muito pouco e depois, no dia seguinte, não estar em condições de fazer frente às suas responsabilidades. Mas se eu aproveito o tempo acordado para rezar e me deixar ser acolhido em Deus, terei então também forças no dia seguinte para encarar os desafios.

Aquilo que oprime se dissipa

Todas as noites, antes de dormir, coloque suas mãos na forma de uma concha. Estenda suas mãos a Deus, com tudo o que está contido ali. Não queira avaliar o que aconteceu hoje. Não avalie o que você fez ou o que você disse. Coloque ali em suas mãos também as dificuldades enfrentadas hoje. Estenda a Deus também as suas feridas e suas sombras. Entregue a Ele tudo o que você tem nas mãos. Procure perceber o que muda em você nesse processo.

As mãos afetuosas de Deus cuidarão de você. Suas mãos fortes o protegem. Elas o envolvem e o acompanham. Nessas mãos, você pode se deixar levar. Deixe-se levar por essas mãos esta noite. Junto com tudo aquilo com que você vem se ocupando. Com seus medos e suas preocupações. Com suas sombras e seus sentimentos depressivos. Na medida em que você se deixa levar, dissipa-se aquilo que o oprime. A opinião dos outros já não lhe interessa mais. Você está inteiro em si, e sente-se vivo. Nesse espaço interno do silêncio, você está inteiro, e são.

6
O que o corpo elimina

Expelir o excedente

A dietética da antiga medicina trata como regra número cinco a regra das secreções e excreções. Isso nos parece estranho num primeiro momento. Mas também a psicossomática moderna sabe que o tema diz respeito tanto ao corpo quanto à alma.

O defensor da Psicossomática Psicanalítica, Georg Groddeck, trata em seus escritos, por exemplo, do problema da prisão de ventre de forma bastante detalhada. Ele acredita que isso sempre traz resultados na estrutura psíquica da pessoa. Quem sofre de prisão de ventre, retém algo que, em verdade, precisaria ser eliminado. Groddeck queixa-se que muitas pessoas encontram de fato tempo para comer, mas não encontram tempo para a digestão e a evacuação. Também a grande médica e cientista natural da Idade Média, Hildegard von Bingen, não teve pudor em falar dessas funções humanas aparentemente inferiores. Para ela, esse é um instrumento da vida espiritual que de modo algum deve ser menosprezado. Ela compara o processo digestivo com o lagar de vinho, onde todo o excedente é descartado e o que chega ao jarro é um vinho precioso.

Temos muito o que digerir

É sabido que São Tomás Morus criou também uma oração em prol de uma boa digestão. Isso mostra o seu senso de humor e sua humanidade. Estamos falando, aliás, não apenas da digestão corporal, o que de fato nos proporciona um bem-estar. Também a digestão do espírito está em discussão: nós dizemos que precisamos primeiramente "digerir" uma vivência, uma experiência concreta – seja, por exemplo, um elogio ou uma crítica. É preciso que, primeiramente, isso percorra todo nosso espírito, até que possamos avaliar o caso corretamente. Quando nossa alma ainda está conturbada pela experiência, ela não é capaz de digeri-la. E nós sabemos que experiências traumáticas, como um acidente de automóvel, muitas vezes não são digeridas. Elas nos colocam em estado de choque. E então não conseguimos retornar de imediato às questões cotidianas. Ficamos incapazes de trabalhar normalmente. A digestão tem relação com o que flui, com o que dilui. Digerir significa dissolver o que é duro e o que é rígido, para que isso possa então fluir pelo meu corpo. Isso, no entanto, é válido também para os problemas espirituais: só quando os digerimos é que nossa vida flui novamente.

Digerir faz bem

Eu vejo como, dentre os irmãos mais velhos, a digestão é importante. Eles observam com atenção se sua digestão tem funcionado bem, se estão com o intestino solto ou preso. Ambas as coisas indicam que o sistema digestivo não vai bem. Aquele que tem disenteria retém muito pouco da energia dos alimentos. Aquele que sofre de prisão de ventre sente-se mal. A vida estanca nele mesmo. Não flui mais. Nossa digestão depende primeiramente daquilo com que nos alimentamos. Mas ela também manifesta algo a respeito de nossa psique. E nós deveríamos dar ouvidos àquilo que nosso corpo nos quer dizer.

Sabemos já desde tempos remotos que, depois de uma farta refeição, temos pouca disposição para a realização de tarefas intelectuais. Temos mais a tendência a ficar cansados. Dizia-se em latim: "*Plenus venter non studet libenter* – um estômago cheio não gosta de estudar". E um ditado alemão aconselha: "Depois de comer, o melhor é descansar ou caminhar". Muitas pessoas não respeitam o seu próprio ritmo. Depois da refeição, não se pode trabalhar com o mesmo vigor e concentração. Uma pausa se faz necessária. Uma pequena sesta após o almoço, ou uma caminhada, também faz bem à digestão.

Esclarecendo os relacionamentos

Simbolicamente, o trato digestivo tem sempre alguma ligação com os nossos relacionamentos. Às vezes estamos com o estômago nervoso. Muitas vezes isso é um sinal de que não nos sentimos bem na presença de outras pessoas ou que nossa relação com as pessoas com as quais estamos sentados à mesa, ou com as quais trabalhamos, não estão muito claras. Não se trata portanto unicamente de tomar medicamentos para tranquilizar o estômago ou para estimular a digestão. Mais do que isso, é importante também observarmos a nossa relação com os outros. Desde tempos remotos as pessoas conhecem ervas medicinais que ajudam na digestão. Certamente elas são de boa ajuda. Os chineses sabiam que o gengibre faz bem à digestão. Os imperadores chineses sempre levavam consigo gengibre quando saíam de viagem. Em viagens, é comum que as relações sejam mesmo pouco claras. Encontramos pessoas desconhecidas. Não sabemos ainda de que modo devemos considerá-las. As ervas medicinais que a natureza nos proporciona beneficiam a saúde do nosso corpo. Devemos recorrer a elas quando sofremos de problemas digestivos. Mas também devemos levar em conta sempre a sua dimensão psíquica e entender os sintomas físicos como um chamado para esclarecermos nossas relações, para nos protegermos melhor diante de algumas pessoas, e para que assim possamos nos sentir internamente livres.

Por que faz bem suar

Já faz tempo que a medicina esportiva recomenda: devemos nos movimentar e transpirar bastante, de modo a eliminar todas as toxinas contidas em nosso corpo. O benefício da transpiração é conhecido e apreciado por todos os povos. Os índios têm a cabana de suar, os japoneses o banho de vapor. Entre nós, muitos vão à sauna regularmente para eliminar, através do suor, aquilo que os molesta por dentro. Eles se sentem assim praticamente renascidos. Quando saio de férias para subir a montanha também transpiro muito. Às vezes me pergunto se vale a pena o desgaste de vencer uma altura de 800 metros em um só dia. Mas não só vale a pena o desgaste pela experiência de se alcançar o topo da montanha, como também pelo que se transpira. No entanto, há também um tipo de transpiração que nos é mais desagradável. Quando estamos nervosos, transpiramos. Há uma transpiração que revela um estado de tensão e insegurança. Não é desta transpiração que estamos tratando aqui. Porém, mesmo nesse caso, é bom aceitar o suor como expressão de nossos sentimentos. É bom quando nosso corpo nos aponta nossos sentimentos intensos, para que assim nós o levemos a sério.

O que é estranho ao corpo e nos prejudica

Transpiração e digestão, secreção e excreção dizem respeito sempre ao corpo e à mente ao mesmo tempo. Quando há muitas impurezas em nosso corpo, isso nos faz mal. E isso vale também para a nossa alma. Quando absorvemos demais dos pensamentos e sentimentos alheios, ou muitos problemas de outras pessoas, essas coisas todas nos molestam. Precisamos digeri-las internamente. E devemos eliminar tudo o que não é nosso, o que nos é estranho. Hoje em dia são despejadas em nós tantas imagens e relatos, que já não podemos processá-los. Nesse sentido, cabe dedicarmo-nos não somente a uma dieta alimentar. Também na absorção de informações e imagens e acontecimentos externos, nos faria bem uma dieta. Mas, sobretudo, não devemos deixar que nosso corpo e nossa alma absorvam aquilo que não foi bem-digerido nos outros. Devemos deixar para os outros os seus resíduos. Assim como é bom desfrutarmos da tranquilidade do sono após a refeição, precisamos também da quietude sempre que captamos todas essas coisas, para que então tudo o que é confuso se aquiete em nós e, lentamente, possa ser eliminado. Desde tempos remotos as pessoas vivenciam a quietude como um remédio para a alma. É no silêncio que se aquieta em nós tudo aquilo que nos agitou e obscureceu nossa alma. As emoções que não nos pertencem, mas se misturaram às nossas, finalmente ficam claras. Assim, a quietude é uma condição importante na qual conseguimos esclarecer e eliminar aquilo que se infiltrou em nós.

Permita-se momentos de quietude

No decorrer do dia, permita-se, vez ou outra, momentos de quietude. Quando você tiver passado por uma reunião agitada ou uma conversa difícil, não passe logo por cima disso tudo se dirigindo já à próxima tarefa do dia. Sente-se um pouco e deixe que a turbulência interna se aquiete. Não se trata de passar tudo por revista de novo ou repetir internamente toda a discussão. Isso agitaria você ainda mais. Apenas sente-se em silêncio e imagine: todas as turbulências internas se assentam. Assim como o vinho deve descansar para que se assente toda a opacidade e para que possamos tomar um bom vinho, assim também deve se assentar em você tudo o que está turvo. Isso deixará claro o seu espírito. A alma não se encontra mais obscura. A camada turva assentou-se e já não contamina o pensamento e suas emoções.

O próximo passo seria expelir essas impurezas. Imagine que você, na expiração, conscientemente, chega até a base de sua alma, lá onde se assentou toda a impureza. E imagine que, ao expirar, você deixa que se elimine toda essa impureza, deixa que, por assim dizer, ela flua para fora de você. Caso você não consiga isso – sobretudo se estiver muito agitado – experimente correr um pouco, livremente. Imagine que, ao correr, você deixa cair tudo aquilo que lhe atormenta. Ao correr, você se liberta de todo o fardo interno. A transpiração pode ajudar nesse caso. Imagine que você elimina, na transpiração, aquilo que está impregnado em você. Precisamos de rituais para eliminar tudo o que não foi digerido em nosso corpo e em nosso espírito, para nos libertarmos disso tudo, para que o vinho puro do amor preencha nosso corpo e nossa alma. Se nos damos o direito a esses rituais de purificação, podemos desfrutar do vinho do nosso amor em nós. Sentimo-nos bem, puros e limpos.

7
A agressividade como fonte de energia

A força do enfrentamento

Agressividade e sexualidade são as duas mais importantes energias vitais. Se elas são bloqueadas, a pessoa perde uma importante fonte de energia. Lidar adequadamente com a agressividade é um caminho essencial para a vida saudável.

A palavra agredir vem do latim "*agredi* = avançar em direção a algo, investir, atacar". A agressividade é, portanto, a força de enfrentar algo, a força de avançar sobre alguma coisa. A agressividade pretende estabelecer regras na relação entre aproximação e distanciamento. Quando sou agressivo, isso tem como causa, na maioria das vezes, o fato de que alguém ultrapassou as minhas fronteiras e eu deixei que essas fronteiras fossem ultrapassadas. A agressividade é a força que eu tenho para estabelecer uma distância entre mim e o outro e estipular uma fronteira saudável, e assim então me proteger contra os ataques ou investidas do outro. E se o outro me feriu, então a agressividade é a força que eu uso para repeli-lo, para impedir-lhe o acesso ao interior de minha casa.

Na agressividade esconde-se, portanto, um impulso para se modificar ou melhorar alguma coisa. Aquele que apenas se lamenta das condições desfavoráveis desperdiça sua energia permanecendo às voltas consigo mesmo. Com a energia da agressividade pode-se buscar resolver os problemas, enfrentar e mudar o que é possível.

Se eu me aborreço porque algo não vai bem dentro de um grupo, a agressividade pode provocar o meu distanciamento perante os seus integrantes. No entanto, ela pode também ser o impulso de convocar a todos e de resolver o problema. De modo que a agressividade não conduz apenas à insatisfação ou à amargura, mas, ao contrário, ela pode também esclarecer uma situação e gerar assim uma atmosfera transparente, na qual todos podem respirar outra vez aliviados.

A força de se proteger

Sobre Jesus, Marcos nos conta quando, uma vez, num sábado, Ele queria curar um homem que tinha a mão atrofiada. Os fariseus o observavam cheios de hostilidade. Caso Ele realmente curasse o homem num sábado, poderiam então acusá-lo. E assim foi a reação de Jesus: "Olhou ao redor para cada um deles, indignado e condoído com a dureza dos seus corações" (Mc 3,5). Jesus não gritou com os fariseus. Mas na sua indignação, Ele quis lhes dizer: aí estão vocês com seus corações endurecidos. Eu não os condeno, mas também não lhes dou poder algum. Farei aquilo que, inspirado por Deus e pelo meu sentimento, considero certo. Para mim, a estrita observação à lei é, neste caso: fazer o mal e menosprezar a vida. Jesus colocou ali uma distância entre Ele e os fariseus. A agressividade é a força que leva com que

Ele, apesar de toda oposição externa, faça aquilo que Ele sente que é certo. Agressividade não significa, portanto, explodir e gritar para todos os lados, mas sim estabelecer uma distância, como um modo de se proteger. Se eu explodir, haverá estilhaços que eu mesmo terei de recolher depois da explosão. Uma agressividade manifestada com clareza não despedaça coisa alguma. Mais do que isso, ela gera uma distância necessária para que eu me sinta internamente livre. Ela deixa clara também a minha relação com o outro. E, no caso de Jesus, Ele não estava apenas indignado, mas também tomado pela tristeza. A palavra grega *syllypousthai* significa: compadecer, condoer-se. Através da agressividade, Jesus consegue obter uma distância saudável entre Ele e os fariseus. Mas em sua tristeza, em sua misericórdia, Ele estende também a mão, buscando contato com eles. Ele não os condena. Seu desejo é, de todo modo, estabelecer uma relação com eles. No entanto, entre os fariseus, que nessa cena se escondem por trás da muralha de seu grupo, Jesus não tem êxito. Eles escapam ao confronto com Jesus. Saem da sinagoga, para então, dentro do círculo em que se sentem seguros, decidirem matar Jesus. A cena nos mostra que nunca devemos viver a agressividade isoladamente, mas sim, e sempre, com compaixão perante aquele de quem nos distanciamos e nos libertamos internamente. Mas mesmo a combinação de agressividade e compaixão ainda não é nenhuma garantia de que teremos sucesso na relação com o outro.

O que nos deixa doentes

Justamente no trabalho, precisamos da agressividade para nos proteger daqueles colegas que trabalham para nos prejudicar ou aqueles que querem nos ofender. E precisamos da agressividade também no meio familiar, para não nos deixar machucar pela esposa, pelo marido, ou pelos velhos pais. A psicologia nos diz que ficamos doentes se reprimimos a agressividade. É aí que surge, por exemplo, a depressão. A depressão tem muitas causas, mas *uma* delas pode ser o fato de que não direcionamos a agressividade para fora, mas sim contra nós mesmos. E contra nós mesmos ela se expressa na forma de autocondenação, autoacusação, autopunição. Outras vezes as pessoas ficam deprimidas porque perderam o acesso à sua força de agressividade. Acompanhei uma vez um homem que, na sua infância, tinha um temperamento violento. Mas seu pai tratou de resolver aquela violência através de surras. De modo que tudo o que ele fez foi sempre apenas ajustar-se. Mas aos quarenta anos ele deprimiu. E só foi recuperar as suas forças quando se permitiu extravasar a sua agressividade há tanto tempo reprimida.

A expressão da doença

Mas também as doenças do corpo podem ser a expressão de uma agressividade reprimida. Se eu não me permito manifestar a minha agressividade adequadamente, não é raro que o corpo adote essa agressividade contra si mesmo. Uma vez que eu fico doente, me protejo das expectativas dos outros. Espontaneamente eu não teria a coragem de me permitir uma pausa e assim me afastar das demandas externas. Só quando estou doente permito-me um tempo para mim. Mas às vezes a doença pode ser também uma manifestação agressiva direcionada aos outros. Uma estudante me contou uma vez sobre uma colega sua: quando ela tinha enxaqueca, os outros estudantes ficavam proibidos de rir, caso contrário ela os tratava muito mal. Para os colegas, aquela enxaqueca era o que havia de mais agressivo, pois com isso aquela moça determinava o estado de espírito de todo o grupo.

Clareza e determinação

É importante estabelecer um limite entre nós e aquelas pessoas que não nos fazem bem. Mas a agressividade dispendida nesse sentido precisa ser expressa sempre de forma apropriada. Ou seja: dirigida às pessoas certas. Muitas vezes, as pessoas que acabam sendo vítimas de nossa agressividade não têm qualquer relação com elas. Primeiro reprimimos nossa irritação perante os outros ou perante alguma questão malsucedida. Depois descontamos essa agressividade na primeira pessoa que surge à nossa frente. Isso não é apropriado. Apropriado quer dizer também: com clareza e determinação, mas sempre de forma controlada. Aquele que deixa extravasar sua agressividade sem esse domínio acaba machucando as pessoas. E ele mesmo também acaba por se expor demais. Ao invés de demonstrar força, mostra sua fraqueza. "Quem grita perde a razão" é o que dizem. Tudo é uma questão de transformar essa agressividade de forma a alcançar uma clareza interior, com a qual conseguimos o distanciamento necessário quando outras pessoas ameaçam desrespeitar os nossos limites, e com a qual tomamos uma iniciativa, clara e determinadamente, perante algo que precisamos resolver ou esclarecer. É nesse sentido que a agressividade é uma energia vital capaz de nos manter saudáveis.

Resolver os conflitos internos

Muitas pessoas se sentem fragmentadas por dentro, divididas entre suas próprias carências divergentes, partidas por quererem demonstrar a afeição por pessoas não compatíveis entre si. Um caminho para superar os conflitos internos passa pela aceitação da própria contradição. Nunca somos irrefutáveis. Sempre temos dois polos em nós: amor e agressividade, razão e sentimento, homem e mulher, consciente e inconsciente. Aceitar a própria contradição requer o abandono consciente de falsos ideais em que somos sempre unicamente bons, amáveis ou devotos. Quando eu aceito minhas contradições, elas deixam de me afligir. Elas então me tornam mais generoso. Não posso negar o contraditório em mim nem expulsar o que em mim não faz sentido. Isso seria como expulsar a mim mesmo. Se, no entanto, eu me concilio com minhas contradições, algo positivo também acontece: eu percebo a mim mesmo como uma unidade, que sou eu e tudo o que existe em mim.

É absolutamente importante tomar consciência disso também corporalmente. Um caminho nesse sentido é, para mim, a postura da cruz. Ela pode ajudar na aceitação desse paradoxo. Eu coloco-me de pé, ereto, e estendo os braços para os lados, do modo como Jesus foi pregado à cruz. Eu sinto em mim as minhas contradições. Elas são capazes de me atormentar. Mas quando eu me dou por inteiro nesta postura, ela me torna mais amplo. Eu poderia abraçar o mundo inteiro. Nada do que é humano, nada do cosmos me é estranho. Tudo está em mim. Essa experiência me proporciona amplitude, liberdade e amor a tudo o que há.

Se eu envolvo meus braços sobre o peito, essa é uma postura em que eu abraço a mim mesmo. Eu abraço o forte e o fraco em mim, o saudável e o doente, o íntegro e o despedaçado, o vivido e o não vivido, os sucessos e os fracassos, a confiança e o medo, a alegria e o pranto, a agressividade e a compaixão, o amor e o ódio, a luz e a escuridão, o consciente e o inconsciente. Quando você se coloca nessa posição por alguns minutos, você tem a sensação de que você é uma unidade consigo mesmo. Você abraça com amor todas as suas contradições internas. Isso nos torna internamente livres e amplos.

8
Sexualidade: força vital integrada

Não a recalque

Paralelamente à agressividade, a sexualidade é a energia vital mais importante. Mas é quase impossível falar ou escrever objetivamente sobre sexualidade. Cada um lê o que se escreve sob o pano de fundo de sua própria experiência nesse sentido. A experiência mostra: uma má relação com a própria sexualidade nos deixa doentes, uma boa relação, por outro lado, é uma fonte de saúde. O fato de que uma malsucedida integração da própria sexualidade atormenta não apenas o indivíduo em sua imaturidade, mas se reverte também em prejuízos para outras pessoas, tornou-se evidente no atual debate sobre abusos sexuais.

Sigmund Freud entendia que a sexualidade, quando recalcada e reprimida, é capaz de causar muitas doenças. Se na sua interpretação das doenças ele também se fixou na sexualidade, certamente fez importantes observações no sentido de uma relação saudável com a sexualidade. Se eu considerar a sexualidade algo negativo, algo que não pode ser, então eu a reprimo. E todas as vezes que ela se manifestar, sentir-me-ei culpado. Muitos cristãos tiveram uma educação baseada nessa visão negativa sobre a sexualidade. Isso não foi somente culpa da igreja, mas em verdade também a expressão de uma sociedade que reprimiu a sexualidade. Se eu sufoco minha sexualidade, tudo passa, no fundo, a girar em torno dela. Tenho o medo constante de ser acometido por ela. Ou a sexualidade busca então alguma válvula de escape. Uma dessas válvulas são as doenças. Outro escape são as enfermidades psíquicas. Os transtornos obsessivos compulsivos geralmente têm relação com a sexualidade reprimida. A pessoa tem medo da sexualidade e busca assim controlá-la, obrigando-se a rituais. Ela, no entanto, não é bem-sucedida nisso. E desse modo se afunda cada vez mais em obsessões. Às vezes a sexualidade reprimida se manifesta na forma de vaidade e mania de grandeza, ou em hipersensibilidade ante as críticas dos outros. E é comum que a sexualidade reprimida nos leve a nos preocupar excessivamente com os deslizes sexuais dos outros e a julgá-los duramente, desviando-nos assim de nossos próprios problemas.

Uma boa dádiva

Mas o que é um modo saudável de se lidar com a sexualidade? O mais importante pré-requisito é que eu aceite a sexualidade com gratidão, como um belo presente divino. A sexualidade não é algo ruim, mas algo que nos foi dado por Deus. Ela é orientada na fertilidade. Isso, no entanto, não significa apenas ter filhos. A sexualidade pode também se expressar em fertilidade espiritual. Se a vida emana e flui, então a sexualidade é, afinal, algo sempre presente. A sexualidade está relacionada ao sensual, ao sensorial, e ao corpo. Aceitamos nossa sexualidade quando lidamos bem com nosso corpo, quando nos sentimos bem em nosso corpo e somos capazes de usufruir dele com a sua sensorialidade. A sexualidade é uma fonte de saúde, quando entendida como parte da natureza humana. Ela não é simplesmente um instinto que precisa ser atendido do mesmo modo que o instinto da fome busca a saciedade. Mais do que isso, ela é a manifestação de um encontro com a própria natureza. Ela se manifesta em cada encontro amoroso entre homem e mulher. Ela se mostra como uma força erótica que fertiliza e inspira homens e mulheres em seu convívio mútuo. E ela é o ápice do amor entre ambos. É nela que eles expressam a sua entrega ao outro na forma mais intensa.

A sexualidade sempre foi também uma fonte de cultura. A sexualidade integrada se expressa na poesia, na música, nas obras de arte. Sem a sexualidade, a cultura seria monótona. É ela que lhe dá vitalidade. E sexualidade é uma fonte de espiritualidade. Os místicos descreviam com frequência suas experiências com Deus e com Jesus Cristo em uma linguagem erótica. Aquilo o que a sexualidade prenuncia foi vivenciado por eles, em sua relação com Deus, não apenas espiritual, mas também fisicamente. É o prenúncio do êxtase através do qual eu consigo esquecer a mim mesmo por completo, através do qual eu transcendo a mim mesmo e alcanço algo maior. Na sexualidade vivida, é no amor pelo outro que transcendemos a nós mesmos. O amor é maior que o homem e a mulher que ali estão unidos em um só. Na espiritualidade, envolvidos no amor divino, deixamo-nos cair em êxtase. É sempre uma dádiva quando nos é permitido viver essa experiência.

Aceitar e cultivar

Nossa tarefa não é reprimir ou refrear a nossa sexualidade. Isso nos deixaria doentes. Devemos sim, cada vez mais, cultivá-la como forma de expressão pessoal de amor e de entrega. A sexualidade pode também se tornar um instinto independente, exercendo domínio sobre o ser humano. Este então se torna o manipulado, aquele que se deixa dominar por sua energia sexual. A integração da sexualidade em nossas vidas se manifesta, para cada um, de um modo diferente. Mas é decisivo que nós vejamos a sexualidade como uma dádiva benéfica. Aí então podemos nos alegrar com ela. Aí então ela nos abre a visão para o que há de fascinante em nosso corpo e o que há de fascinante na relação entre o homem e a mulher, que homens e mulheres se completam, fecundam e inspiram.

Pode-se dizer que não há uma norma para um modo ideal de se lidar com a sexualidade. Mesmo quando buscamos integrá-la em nossas vidas, ela por vezes nos subjuga e nos domina. Por isso diziam os antigos monges que é preciso humildade para nos reconciliarmos sempre e novamente com nossa sexualidade. Ela nos mostra que somos pessoas com necessidades vitais tão ancoradas em nosso corpo e nossa alma, que não é possível superá-las simplesmente através da fé ou da espiritualidade. Sejam casados, ainda solteiros ou solteiros convictos, a sexualidade exige de todos nós que a aceitemos e a cultivemos de modo que ela nos torne vivos, abertos para as pessoas e, finalmente, para Deus. Pois na sexualidade esconde-se o desejo do êxtase, o qual, por fim, só pode ser pleno através de Deus.

Um ritual

Sente-se e, em silêncio, dirija sua respiração ao expirar não só até o baixo ventre, mas sim até mais adiante, até os seus órgãos sexuais. E então imagine que a inspiração emana dali e espalha-se por todo o seu corpo. A respiração – assim diz o poeta persa Rumi – é o sopro de amor de Deus. Ao inspirar, o sopro de amor de Deus esparrama-se por você e, ao expirar, você deixa que esse sopro de amor flua até o interior de seus órgãos sexuais. Imagine que a sua sexualidade é inundada e preenchida por completo pelo sopro de amor divino. Nesse instante você pode perceber que tudo em você é um só: espiritualidade e sexualidade, espírito e instinto, amor e corpo. E você é capaz de perceber que a sexualidade é uma fonte de espiritualidade. Quando a sexualidade é inundada pelo amor divino, emana através dela esse amor que então corre por todo o seu corpo. O seu erotismo não significa mais cobiça, mas sim amor divino, que vibra em seu corpo e é vivido fisicamente.

9
Relacionamentos: vida que emana para o outro

Sistema imunológico social

"O homem é o remédio do homem", diz um provérbio africano. O fato de que relações saudáveis são necessárias para a nossa boa saúde já foi demonstrado inclusive por muitas pesquisas médicas e psicológicas nos últimos anos. O sociólogo israelo-americano da medicina, Aaron Antonovsky, fundador da salutogênese, fala de um sistema imunológico social. O que significa: aquele que vive em um bom relacionamento, uma boa amizade, um casamento cheio de vida, uma família estável, geralmente será mais saudável. Os bons relacionamentos fortalecem o seu sistema imunológico. Ele não estará tão suscetível às enfermidades. E quando ele fica doente, irá se recuperar mais rápido do que aquelas pessoas que vivem excluídas e isoladas. Relacionamentos são relevantes para a nossa saúde não só no sentido positivo, mas também para fortalecê-la. Quando não nos relacionamos, isso pode ser também a expressão de uma enfermidade.

Ausência de envolvimento como enfermidade

Há psicólogos que dizem: a doença dos nossos tempos é a ausência de envolvimento. Muitas pessoas perderam a relação consigo mesmas, a relação com as coisas, com as pessoas e com Deus. Na depressão, essa ausência de envolvimento é a expressão de uma doença. A pessoa deprimida já não se percebe. Ela já não percebe o parceiro ou a parceira no matrimônio. Mesmo dormindo com o parceiro, ela não percebe nem a ele, tampouco a si mesma. A ausência de envolvimento nos exclui da vida. Já não conseguimos desfrutar de nossas vidas verdadeiramente. Nós nos fixamos em nós mesmos e nos isolamos das pessoas, e por fim também de todas as coisas. Jürg Willi, o psicólogo suíço e terapeuta de casais, constata que as formas atuais de distúrbios neuróticos são geralmente a expressão de falta de envolvimento. A anorexia e o transtorno de personalidade limítrofe são exemplos de doenças nervosas em que a pessoa vive fixada em si mesma, desconsiderando por completo as outras pessoas. Doenças nervosas do passado como neurose histérica, neurose de angústia e neurose cardíaca eram sempre direcionadas a outras pessoas. Tinha-se medo do julgamento e da proximidade dos outros. O relacionamento com os outros ainda era importante. Na anorexia, segundo a interpretação da psicologia, eu me nego o envolvimento. Nela, eu tento controlar a minha vida, ao invés de me doar à vida e às pessoas.

No acompanhamento espiritual, sempre me deparo com pessoas com incapacidade de relacionamento. Tem um homem, por exemplo, que se queixa pelo fato de que ninguém o entende e que ele não é bem recebido em lugar algum. Sua família não o entende, não dá atenção ao fato de que ele se mata de trabalhar por ela. No seu ambiente de trabalho, não encontra qualquer ressonância. Em todo lugar, ele se sente excluído e malcompreendido. Ele se esforça. Lê livros, propõe-se modos de fazer tudo melhor. Mas nada muda. Ao que parece, ele tem que controlar tudo porque tem medo de entregar-se à incerteza de um relacionamento. No entanto, quanto mais ele pretende controlar tudo racionalmente, tanto mais ele perde o controle de sua vida. O controle é a morte de todo relacionamento. Sem relacionar-se, no entanto, sentimo-nos mortos. E assim se instaura um círculo vicioso de controle e petrificação.

Ser amigo de si mesmo

Uma boa prevenção contra enfermidades frequentes é a construção de bons relacionamentos. A primeira condição para que eu construa um bom relacionamento com um namorado, uma namorada ou cônjuge é que eu seja capaz de me relacionar comigo mesmo. Só quando estou em contato comigo mesmo é que posso entrar em contato com o outro. Aí então eu não tenho mais medo de que o outro descubra algo em mim, algo que eu tenha escondido de mim mesmo. Quando eu mesmo tiver adentrado a casa do meu corpo e de minha alma, poderei então deixar que também os outros entrem em minha casa. Posso lhe mostrar tudo o que há em mim, porque eu mesmo já me permiti que minha casa pareça como é. Minha relação comigo mesmo toma-me o medo da proximidade do outro. Uma vez que estou mais próximo de mim, sou capaz não só de permitir a proximidade do outro, mas também de desfrutar dela. Porque sou meu amigo, posso também estar com um outro amigo. Eu vivo minha relação com ele como algo enriquecedor. Não tenho a intenção de me infiltrar em sua vida, tampouco vasculhá-la. Eu sou capaz de perceber o mistério dessa pessoa, que é tão diferente de mim.

Relacionar-me com o outro só é possível quando não tento julgá-lo, mas procuro, em vez disso, simplesmente senti-lo. Isso lhe tira o medo que possa ter de mim. Onde há medo, não há como acontecer o amor verdadeiro. Quando nos esforçamos por uma boa comunicação, sentimos: ela acontece quando eu conto sobre mim, sobre o que eu sinto. A psicologia nos diz para fazermos revelações em primeira pessoa. De modo algum devemos fazer um julgamento a respeito do outro. O que podemos apenas é dizer como o comportamento e as palavras dessa pessoa atuam sobre nós, e o que elas libertam em nós. Mas não cabe a nós mesmos avaliarmos aquele que fala. Sempre que avaliamos o outro, ele irá se defender. Aí então não se trata mais de ouvir e compreender, mas sim de "querer ter razão". Isso, todavia, é a morte de qualquer relacionamento.

Atenção recíproca, um fator de saúde

Se estou atento, presto atenção no outro. Eu o percebo em seus sentimentos, em suas reações. Eu mesmo me sinto nele, sinto se está tudo bem ou não. E eu me pergunto do que é que ele precisa. Assim eu lhe faço bem. Mas se estou atento, posso lidar bem também com meus próprios sentimentos. Se eu me sinto atormentado por dentro, me pergunto o que foi que causou esse tormento. Foi alguma palavra que me fez lembrar apenas antigas feridas? Ou terá sido algo que percebi na outra pessoa e que agora me machuca? Uma vez fazendo isso, posso tentar transformar em palavras aquilo que eu senti, para que assim possamos lidar um com o outro de forma mais cuidadosa e, consequentemente, melhor.

Muitos relacionamentos padecem pelo fato do parceiro não estar verdadeiramente presente, mas estar, isso sim, envolvido com o seu trabalho e suas preocupações a respeito do futuro. Um relacionamento se mantém vivo através da atenção a ele dedicada. Isso significa: eu presto atenção em mim, em meus sentimentos e minhas emoções. E presto atenção também nas emoções e carências da outra pessoa. Eu procuro vê-la por dentro. Eu não a fixo num quadro, numa imagem, mas, ao contrário, estou pronto para me colocar em seu lugar, internamente, pronto para supor o que lhe falta, o que ela sente, se está tudo bem ou não. Estar atento é como estar desperto. Muitas vezes estamos dormindo. Como numa canção de ninar, nos iludimos com quaisquer ideias que fazemos da vida e dos outros. Viver atentamente significa: despertar, abrir os olhos e olhar para o outro como se nunca o tivesse visto antes. Significa: olhar para a pessoa não só com os olhos propriamente, mas também com os olhos do coração.

Se bem-compreendido, o trabalho dedicado ao relacionamento é também um trabalho para a nossa saúde, pois só somos saudáveis quando nos relacionamos. Só é saudável aquele através do qual a vida flui. E ela só pode fluir, se fluir também em direção ao outro.

10
Enfermidades: ouça seu corpo!

Doenças são como cães que ladram

No conto de fadas "As três línguas", os cães, que latem o tempo todo, desempenham um importante papel. Alojados na torre, eles chegam a devorar algumas pessoas. E eis que surge um jovem que entende a sua língua e para o qual eles mostram o tesouro que eles ali vigiam: é só porque estão vigiando o tesouro que precisam latir tanto. Do mesmo modo, nossas doenças são, muitas vezes, cães latindo, com o intuito de chamar a nossa atenção para o tesouro que guardamos em nós, o qual, no entanto, passamos a vida desmerecendo. O "tesouro" de que se fala no conto é um símbolo. Ele representa a imagem original e verdadeira que Deus tem de nós. Justamente ali, onde a doença se manifesta, pode estar o real tesouro de cada um. Ali, onde mais se encontram os problemas, as pessoas poderiam entrar em contato com sua mais autêntica imagem. Devemos ser gratos quando nosso corpo reage. Afinal, Deus quer nos conduzir, Ele mesmo, através da reação de nosso corpo, ao tesouro, ao nosso *eu* autêntico. A doença é, com frequência, o cão que ladra, querendo nos mostrar que há um tesouro enterrado em nós, o qual, no entanto, passamos a vida desmerecendo. Na doença, o corpo se rebela contra aquela imagem à qual nós o obrigamos.

Corpo e alma

Também na tradição cristã, existem textos que nos indicam que os Patriarcas prestavam atenção nas manifestações do corpo em seus acompanhamentos espirituais, tanto nas manifestações do próprio corpo, como também naquilo que o corpo do outro dizia sobre ele e sua alma. Não que seu corpo dissesse simplesmente algo sobre sua alma, de modo que eles pudessem ler, no corpo, aquilo que realmente afeta o outro. Eles sabiam que o corpo nos aponta para verdades que não somos capazes de reconhecer através da simples reflexão. "Deus nos fala em nosso corpo": quando internalizo isso, lido de outro modo com meu corpo. Deixo de ser um hipocondríaco que, a qualquer pequena fisgada, acredita estar com câncer, se não alguma outra doença grave. Ouvir o corpo significa, mais do que isso, ouvir os pequenos impulsos. Se eu passo a vida desmerecendo a mim e a minha própria verdade, muitas vezes não resta mais nada a Deus se não falar a velha linguagem do corpo e me mostrar, através de uma doença, que estou me impondo uma imagem que não corresponde à minha verdadeira. Muitos entendem a doença como um inimigo a ser combatido o mais rápido possível e vencido com medicamentos. No entanto, eu devo dar ouvidos àquilo que Deus quer me dizer por meio dessa doença. Nesse processo, não devo olhar tanto para o passado e me perguntar o que fiz de errado. Muitas pessoas ficam se remoendo com seus sentimentos de culpa e acreditam serem os próprios culpados da doença. Mas se elas se torturam pela culpa, fortalecem ainda mais a doença. Se eu me perguntar o que Deus quer me dizer através da doença, passarei a lidar mais atenta e cuidadosamente comigo mesmo e com meu corpo.

O que fere a alma

A alma adoece se os outros a ferem. Há palavras que ferem tão profundamente, que fazem sofrer a alma uma vida inteira. Se um pai, por exemplo, pragueja contra a sua filha ou a ridiculariza enquanto mulher, isso pode afetá-la tão profundamente que a alma adoece. Ou se uma criança passa todo o tempo ouvindo apenas palavras hostis de rejeição, ameaça, frieza e austeridade, é possível que a doença seja o único caminho através do qual a alma consegue sobreviver. Naquele aspecto onde uma criança em sua infância foi demasiadamente machucada, surgem pontos extremamente sensíveis. E esses pontos sensíveis são a porta de entrada para os ferimentos da alma. Para não nos sentirmos atingidos a todo momento, é importante nos reconciliarmos com nossas feridas e nos aceitarmos com nossos pontos sensíveis.

Há ainda outra razão para a nossa fragilidade. Somos sempre vulneráveis naquele aspecto onde não estamos em harmonia com nós mesmos, onde preferiríamos reprimir em nós certas características, por elas não corresponderem ao que supomos nosso ideal. Quando estamos em nosso centro, em harmonia com nós mesmos, não somos tão facilmente feridos pelos outros. De fato, ouvimos as palavras ofensivas, mas elas não são capazes de nos afetar tão profundamente.

E tem outra coisa que faz adoecer a alma: quando ela deixa de lado alguma coisa dentro de si que ela não é capaz de aceitar. Aqui, em geral, são os ideais inalcançáveis o motivo para não querermos ver a nossa realidade. Queremos corresponder ao nosso eu-ideal. Mas temos também as nossas sombras, como denominou C.G. Jung aqueles aspectos não vividos e não desejados em nós. Quanto mais recusamos nossa sombra, tanto mais ela nos deixará doentes. Ela ferirá nossa alma, mas – como bem sabe a medicina psicossomática – com bastante frequência, a alma ferida irá se expressar também em um corpo doente.

O que faz bem à alma

Saudável para a alma é que ela se saiba amada e que também ela mesma se ame, com tudo o que há nela. E é saudável que a alma possa respirar. Muitas pessoas vivem apenas na superfície. Esse isolamento entre o ser e sua alma torna a alma doente. É apenas quando adquirimos o acesso interno à nossa alma que ela é capaz de reviver e se desenvolver. A alma precisa ser alimentada. Não só de amor, mas de ocupação espiritual. Há pessoas que ficam doentes por não dar espaço à alma. Ela precisa de asas, leveza e amplitude. Quem poda suas asas e restringe o seu espaço toma da alma a sua força.

A Síndrome de Burnout e o cansaço

O corpo não reage sempre com enfermidades. Uma reação é também o cansaço. Há um cansaço que eu sou capaz de desfrutar. Deito-me na cama e aprecio o peso do relaxamento. Tenho a sensação de ter trabalhado muito para Deus e para as pessoas. E agora me deixo cair cansado na cama e desfruto, por vinte minutos, do simples fato de estar deitado ali e não fazer nada. Depois disso então posso me levantar novamente e me sinto cheio de energia para uma nova atividade. Muitas pessoas não respeitam o seu cansaço, fazem de conta que ele não existe. Elas tomam rapidamente um café para conseguir continuar o trabalho. Mas o cansaço pode mostrar que existe algo além do trabalho. Peter Handke descreveu em seu "Ensaio sobre o cansaço" como o cansaço pode ser um caminho que nos aponta para algo essencial. Ele fala – tomando aqui a tradição dos primeiros monges – de um cansaço capaz de clarear a visão, um cansaço através do qual reconhecemos o que realmente importa em nossa vida. Ele fala de um cansaço unificante, um cansaço que nos une a todas as pessoas. Quando reprimimos nosso cansaço surge então, em algum momento, um "mau cansaço", o qual nos torna agressivos, com nós mesmos e com as outras pessoas. Ou então o cansaço nos leva a *burn-out*, ao total esgotamento, no qual nós ainda apenas funcionamos e, a qualquer momento, também já não poderemos mais, pois estamos tomados por uma depressão causada pelo esgotamento físico e mental intenso.

Interpretar os sinais

Muitas vezes, Deus quer nos falar através da doença: "Recolha-se! Analise a sua vida! Está certo o modo como você a vive? Ou será que você tem se sobrecarregado?" Se ouvimos a voz de Deus em nosso corpo, então podemos perfeitamente interpretar os diferentes sinais. Cada doença carrega uma mensagem diferente. É evidente que o resfriado nos aponta para o fato de que nosso sistema imunológico não estava forte o bastante para impedir que os vírus de fora se infiltrassem dentro de nosso corpo. Se eu aceito o estado de apatia em que me encontro quando estou gripado, torna-se claro para mim algo importante sobre mim mesmo. Eu percebo que não é por acaso que eu trabalho sempre cheio de vontade. Se estou abatido, perco a vontade de trabalhar. E aceito então essa falta de vontade. Eu reconheço que é sempre um presente poder ser criativo e trabalhar. A doença nos mostra nossos próprios limites.

O caminho para o essencial

É claro que não podemos exagerar ao buscar interpretar as doenças. Sobretudo não devemos ficar questionando a respeito de suas causas. Caso contrário, acabamos apenas por culpar a nós mesmos. Muito mais importante que isso é reconhecer a mensagem que a doença nos deixa para o futuro. Muitas pessoas que passam por doenças graves – por exemplo, o câncer – levam disso um grande aprendizado para a vida. Elas me contam que mudaram completamente suas vidas, que mudaram as suas diretrizes, dessa vez a seu favor. Agora, elas percebem o que realmente importa em sua vida. Elas agora vivem mais atentas e cuidadosamente. Elas se voltam para dentro de si mesmas. A doença lhes mostrou que elas não devem se preocupar apenas com o seu corpo, mas sim, e sobretudo, com seu espírito, que elas devem intensificar sua relação com seu espírito e com seus impulsos silenciosos. Retrospectivamente, elas podem dizer que a doença foi para elas uma bênção. E elas podem dizer: Deus me abriu para minha verdadeira essência através da doença. Ele me conduziu para um novo caminho, para um caminho de atenção e abertura para o que é essencial.

Um ritual

Sente-se confortavelmente numa poltrona. Depois percorra mentalmente todo o seu corpo, da cabeça aos pés. Sinta-se penetrar o interior de sua cabeça. Onde ela reage à sobrecarga e à pressão? Você costuma sofrer de enxaqueca e dores de cabeça com frequência? O que elas querem lhe dizer? Como você responde às suas dores de cabeça ou à sua enxaqueca? Como vão seus olhos? Em que momento eles dão sinais de que você deve poupar a eles e a si mesmo? Seus ouvidos já se rebelaram, por exemplo, por meio de surdez súbita ou de zumbidos? Continue e siga até a garganta. Em que momento sua garganta reage com dor? A que você atribui essas dores? Ou você conhece a sensação de garganta apertada, sufocada, ou aquele nó entalado nela? Olhe para os seus ombros! Eles estão relaxados ou contraídos? Contra o que você se defende por meio de seus ombros? Depois siga até o peito. Você consegue respirar profundamente ou tem alguma coisa prendendo sua respiração? Como você se sente na região do seu coração? Em que momento seu coração reage com dores ou com palpitações ou tremores, ou com alterações no ritmo de seu batimento? A partir do coração, perceba-se por dentro de suas costas. Você tem problemas de coluna? A que você gostaria de atribuir as suas dores de coluna? São emoções reprimidas? Depois desça mais seguindo até o aparelho digestivo. Você é grato por ele realizar bem o seu trabalho? Ou você tem problemas nessa região? Em que direção ele aponta chamando a sua atenção? Depois procure perceber o interior de seus rins. O que lhe vem afetar os rins? Ou o suco gástrico: Você tem refluxo eventualmente? Ou como está o seu fígado? O que já chegou a afetar o seu fígado? Depois então siga por dentro de suas pernas, suas coxas, seus joelhos, panturrilhas e pés. Você é grato pelo serviço de suas pernas? Ou você tem a impressão de que seus joelhos fazem greve, ou sente que eles se queixam? Você tem dores nas articulações? Você pode muito bem ficar de pé, ou tem problemas com isso? Percorra todo o interior de seu corpo e seja grato por seu corpo e pelo que ele faz por você. Procure se sentir bem em seu corpo e também aceitá-lo com as suas limitações e feridas. E entregue seu corpo a Deus para que o Espírito de Deus se derrame na região em que você tem algum problema. E então imagine que seu corpo, exatamente como ele é, com suas áreas saudáveis e outras doentes, é o templo de Deus, que o Espírito de Deus mora nele.

11
Dê atenção às emoções!

Forças positivas e negativas

Um passo importante da dietética grega, a arte da vida saudável, consiste em ouvir aos *affectus animi*, afetos e emoções de nosso espírito. Os primeiros monges já viam nessa atenção às emoções e paixões do espírito um passo importante em direção ao caminho espiritual.

O objetivo dessa atenção e do modo adequado de lidar com emoções e paixões era a chamada *apatheia*, ou seja, um estado em que não se é determinado por emoções. Um psicólogo define *apatheia* como o estado em que se está livre de aprisionamentos doentios ao *pathos*, às paixões. Evagrius Ponticus, o psicólogo entre os monges escritores do século IV, entende a *apatheia* como a saúde da alma. Ela não consiste na eliminação das paixões, mas sim num modo de lidar com elas, de maneira que elas sirvam à vida, que elas nos tornem mais vivos e fortes.

As emoções querem nos conduzir. É isso o que diz a palavra *emovere*: mover-se para fora. As emoções são reações vigorosas da alma que querem sair e nos levar a tomar uma atitude. Verena Kast considera a alegria, por exemplo, uma emoção elevada, que nos torna saudáveis e nos dá força para dar início a alguma coisa e conduzi-la até o fim. Mas também há emoções que nos movem negativamente, como a fúria e a raiva, o ciúme e a inveja, ou emoções que nos paralisam, como a tristeza e a depressão. A questão é como lidamos com essas emoções.

O que quer me dizer a emoção?

O primeiro passo é dar ouvidos à emoção. O que a emoção quer me dizer? Os monges estão convencidos de que por trás das emoções negativas se esconde sempre também um desejo positivo do ser humano. Porém, muitas vezes esses desejos são exagerados. Assim, é frequente que por trás da emoção da melancolia se esconda o desejo de sermos os melhores, de sermos amados por toda parte, de termos tudo o que desejamos no País da Cocanha. São em verdade ideais infantis que fizemos de nossas vidas. Pelo fato de esses ideais terem se comprovado irrealistas, nossa reação é a melancolia. A melancolia seria como um convite para nos despedirmos de ilusões infantis. Se não nos libertamos de nossos ideais exagerados, estagnamos em nossa autocompaixão. É como se estivéssemos correndo em círculos. Não andamos para frente.

Se reprimimos nossas emoções, é comum que elas se manifestem em nosso corpo na forma de enfermidades. Isso vale, por exemplo, para a raiva reprimida. Hoje sabemos que úlceras estomacais são, com frequência, a expressão da raiva reprimida. Mas a raiva também pode se manifestar em outras doenças. Sim, toda doença pode também se transformar na expressão da agressividade contra o próximo. Uma estudante me contou uma vez que desde que seu pai havia sofrido um infarto, ninguém mais podia contrariá-lo. É possível então perceber o quanto de potencial agressivo a doença traz consigo. Ela determina o comportamento de toda a família e impede qualquer forma de agressividade saudável por parte dos membros da família.

A energia da raiva

A raiva é, com frequência, uma manifestação importante da alma humana. Se damos ouvidos à nossa raiva podemos lhe perguntar o que ela tem a nos dizer. Mas uma segunda questão é como lidar com ela. Podemos transformar a energia que há na raiva em uma energia positiva. A raiva nos impele a modificar alguma coisa, a resolver um problema que até então vinha sendo varrido para debaixo do tapete. Ela tem sempre algum sentido. Trata-se apenas de saber lidar com ela. Se quando estamos irritados continuamos sempre apenas reclamando sozinhos e xingando os outros em pensamento de todas as formas possíveis, aí então a raiva nos faz mal. Um estado de espírito negativo se instaura em nós. Tornamo-nos amargos e duros. O sentido da raiva é mudar alguma coisa, ou então se reconciliar justamente com aquela realidade que não corresponde àquilo que eu idealizo.

O que expressa a raiva

Em geral, a raiva que sentimos durante uma conversa é uma informação extremamente relevante sobre a qualidade dessa conversa. Antigamente eu achava que eu devia reprimir sempre a irritação que eu sentia algumas vezes nas conversas do acompanhamento espiritual. E dizia a mim mesmo: "Eu sou um padre e, portanto, preciso ser cordial". Mas o meu próprio acompanhante me disse uma vez: "Leve a sério a sua raiva, caso contrário você irá se irritar com todas as pessoas". A minha irritação durante a conversa indica muitas vezes que o outro não está dizendo aquilo que realmente o perturba, mas fica dando voltas em torno de seu verdadeiro problema. A raiva demonstra que a conversa não avança em direção ao seu verdadeiro tema, que ela, por fim, permanece infrutífera. Quando eu levo a sério meus sentimentos, posso então buscar esclarecer alguma coisa com a outra pessoa. Posso lhe perguntar se seria mesmo isso o que ela teria a dizer de coração aberto, ou se ela teria algo mais lhe afligindo o coração. E se ela negar, posso lhe falar do que eu sinto: Tenho a impressão de que você só fala do superficial. Eu gostaria que você procurasse se aprofundar, que você dissesse aquilo que realmente o aflige.

Se eu, portanto, dou ouvidos à minha raiva, ela se torna uma importante fonte de informações sobre mim e sobre os outros. Ela passa a ser uma oportunidade para que eu tome uma atitude em relação a algo e busque resolvê-lo. Mas se eu a reprimo, ela irá se manifestar de um modo ou de outro, seja em obstinação e insatisfação, seja também fisicamente, em enfermidades. O corpo então assume aquela reação que a alma não quis manifestar.

Reformular a vida

Fale com a sua raiva ao invés de se irritar com ela. Pergunte a ela: O que você quer me dizer?

Contra o que estou me defendendo? A raiva mostra muitas vezes que você não respeitou devidamente os seus limites. Você deu aos outros poder demais sobre você. Você ultrapassou a sua medida, no trabalho, no engajamento pelos outros. A sua irritação lhe indica que você deve cuidar melhor de si mesmo. Pergunte-se o que lhe faria bem. Você precisa tomar uma distância maior, interna e externamente, daquilo com que se ocupa no dia a dia. Perceba os seus limites. Concilie-se com o fato de que você não pode ser sobrecarregado indefinidamente. Seja grato por sua alma reagir com raiva. Trata-se de uma reação ativa. Você só precisa também ser ativo no modo de lidar com ela. Engolir a raiva não ajuda em nada. Seja ativo e fale com as pessoas com as quais você se aborreceu. Ou, se achar que isso não é possível, então use a sua raiva para se distanciar delas, para expulsá-las, por assim dizer, de dentro de você, não lhes dando assim nenhum poder. Proteja a sua morada e diga a você mesmo: dentro de mim, eles estão proibidos de adentrar a minha casa. Em minha casa, eu não ocupo meu pensamento com ele ou com ela. Eles não são tão importantes. Eu não deixo que se abale a minha tranquilidade interior.

Quando a raiva se tornar uma emoção predominante, pergunte-se então qual a razão da sua revolta. Será que nessa hora todo o seu modo de vida está em desacordo com a sua convicção interior? Será que você se deixou comprometer com algo que lhe desagrada? Então tenha coragem de reformular sua vida de modo que ela corresponda ao que é certo para você.

Verde de inveja

A linguagem nos mostra que as emoções também podem provocar doenças. Quando dizemos que alguém está verde de inveja, isso significa que a inveja se expressa em seu corpo. A cor verde dá indícios sobre sua condição de doente. A inveja é uma emoção que nos aflige com frequência. Também aqui vale o princípio de que não devemos reprimir a inveja, mas sim dialogar com ela. O diálogo com a inveja poderia se dar da seguinte maneira: eu pergunto à minha inveja por que ela é tão invejosa. Supostamente ela me responderá:

eu gostaria de ser tão bem-sucedido quanto esse homem ou essa mulher. Gostaria de ser tão bonito quanto ele ou ela, tão inteligente, ter tanto dinheiro, ser tão amado quanto eles. Se eu observo todas as carências para as quais aponta a minha inveja, então percebo: não posso ser como todos os outros juntos. Cada um com quem eu me comparo tem apenas uma característica ou habilidade que eu invejo. Mas eu não posso fazer uma cópia de todos os outros. E se eu tivesse tudo o que qualquer pessoa no mundo possui, isso não teria graça, eu não seria eu mesmo. Eu seria então a soma de tudo, mas não essa pessoa exclusiva que sou eu. Se eu reconheço essas carências apontadas pela minha inveja, percebo o quão ilusórias todas elas são. E consigo então olhar para mim mesmo, para aquilo que Deus me deu, com gratidão. Eu abro mão de me comparar aos outros. Volto minha atenção para mim mesmo e me percebo. E a inveja me convida então à gratidão. Esta certamente é muito mais benéfica para a minha saúde do que a inveja.

Não julgar

De modo que para se prover de uma vida saudável é importante que se ouçam as emoções. Não devemos julgá-las, mas sim buscar nelas simplesmente o seu sentido. Toda emoção tem um sentido e quer chamar nossa atenção para algo que nos afeta a alma. A emoção pretende nos mover no sentido de reconhecermos nossa própria verdade e descobrirmos nossas mais íntimas necessidades, muitas vezes escondidas por trás das emoções. As emoções trazem à luz essas necessidades. Elas realizam aquilo que diz a palavra *emovere*: movem as carências de maneira que elas venham à tona e possam ser encaradas verdadeiramente.

Um segundo passo é saber como lidar com essas carências. Não se trata aqui de atender a todas elas. Mas é só quando admitimos para nós mesmos que elas existem é que podemos lidar com elas apropriadamente. Carências recalcadas acabam muitas vezes se expressando também fisicamente, na forma de doença. Se uma mãe, por exemplo, não admite para si mesma que precisa de descanso, seu próprio corpo acaba por obrigá-la a atender essa necessidade.

Uma maior vivacidade

Seria melhor se não precisássemos desse rodeio, passando por enfermidades físicas, e ao invés disso lidássemos com nossas emoções com atenção e sensibilidade. No entanto, sempre haverá novas situações em que não estaremos atentos o suficiente. Aí então devemos ouvir o nosso corpo que, de alguma maneira, quer chamar nossa atenção para emoções reprimidas.

Quando damos ouvidos às nossas emoções, tornamo-nos mais sensíveis, mais sinceros e mais livres. Não julgamos as emoções. Nós lhes damos atenção, buscamos entendê-las. Sentimos as emoções e nos deixamos mover por elas. Mas não somos determinados ou dominados por elas. Somos nós que as temos e não elas que nos têm. As emoções querem nos conduzir a uma maior vivacidade e, por fim, ao verdadeiro destino de nossas vidas: Deus.

Purificar as emoções turvas

Sente-se junto a uma nascente, um riacho ou um rio e observe como a água simplesmente flui. Muitas pessoas se tranquilizam apenas em observar a água correr. Você pode imaginar que a água passa e leva todas as impurezas que obstruem a imagem genuína de Deus dentro de você. A água purifica você também de todas as obscuridades de suas emoções. Muitas vezes, os seus sentimentos estão, por assim dizer, contaminados pelos sentimentos que fluem do seu entorno em sua direção. E a água, fluindo sem parar, o liberta de todo o peso que se instaurou sobre você, de todos os problemas que o atormentam. E nesse fluir, algo dentro de você é colocado em movimento. Sua vida passa a fluir novamente e se torna outra vez frutífera. E você pode imaginar que, na água, o próprio Espírito Santo cura todas as suas feridas, põe fim a toda a cegueira e desperta você da estagnação e paralisia, trazendo-o de volta à vida. E você reconhece na água, que flui incessantemente, a fonte inesgotável do Espírito Santo. Você pode beber dessa fonte sem que ela jamais se esgote. E assim você nunca estará seco ou esgotado. Pois a fonte da qual você bebe é inesgotável, porque ela é divina.

12
Transforme o seu medo

Aflição que obstrui a vida

O medo é uma forte emoção que tem duas faces. Ele pode nos prevenir de perigos e chamar nossa atenção para algo importante sobre o meio em que vivemos ou sobre nossa alma. O medo pode chamar nossa atenção quando perdemos nossas medidas, mas ele mesmo pode também se tornar desmedido, tão forte e poderoso, chegando a nos fazer tremer e a atrapalhar nossas vidas. Aquele que não tem medo algum não é saudável. Também não se trata aqui de superar todos os medos. Trata-se sim de aprender a conviver com ele. Tão logo eu me reconcilie com meu medo, ele se transforma. Ele continua vivo, mas já não tem domínio sobre mim. Reprimir o medo leva à estagnação e consome demasiada energia. Àquele que guarda seu medo a sete chaves falta a energia para viver. Ele se sente esgotado com frequência. Por isso é preciso que o medo seja transformado. Para que ele então se torne uma fonte de vida para nós. Há muitos medos concretos que podemos tentar entender nos deslocando para dentro de seu cerne.

O medo de doença

Há pessoas que, ao sentirem uma fisgada na barriga, ao sentirem o coração bater diferente, ao sentirem doer qualquer coisa, ficam imediatamente com medo que possa se tratar de uma doença grave. Não será essa diarreia já um sinal de câncer no intestino? Essas dores no peito não serão prenúncios de um infarto? Na Dinamarca já existe uma clínica para pessoas que têm medo de vir a ter câncer. Não é o câncer que é tratado aqui, pois as pessoas não têm câncer. A sua doença é sim o medo de vir a ter câncer. Também nesse caso, é bom dialogar com esse medo e imaginar o seu fim. Eu posso imaginar: não sei se ficarei doente ou se terei câncer. Agora me sinto bem. Mas se eu ficar doente, estarei, de todo modo, nas mãos de Deus. Não tenho qualquer garantia de que continuarei são. Doenças fazem parte da vida. Sua existência é um desafio para que sejamos gratos pela boa saúde. O medo de ficar doente leva muitas pessoas a correrem apavoradas de um médico a outro, e fazerem um exame atrás do outro. Mas quanto mais a pessoa gira em torno da doença que quer evitar, mais ela prejudica a si mesma, e ainda rouba de si suas forças de autocura. A confiança de que estou nas mãos de Deus, seja na saúde ou também na doença, é a única coisa capaz de relativizar o medo. O medo me lembra sempre que a energia curativa de Deus está em torno de mim. E isso é mais importante do que a questão se estou doente ou são.

Falsas suposições

Muitas pessoas têm medo de se expor ao ridículo. Elas não se atrevem a dizer alguma coisa dentro de um grupo. Poderia acontecer dos outros rirem delas, caso elas dissessem algo inadequado, caso começassem a gaguejar ou caso mostrassem em suas palavras que elas não sabem alguma coisa. Elas pretendem fugir do medo não dizendo nada. Mas é aí que o medo lhes sufoca ainda mais. Não há o menor sentido em reprimir o medo ou fugir dele. O único caminho de lidar corretamente com o medo consiste em dialogar com ele: O que o medo quer me dizer? Do que realmente eu tenho medo? Devo lidar com o medo amigavelmente, tê-lo mesmo como um amigo. Aí então ele me apontará as falsas suposições que venho tomando em minha vida. Uma suposição equivocada é: "Não posso cometer nenhum erro, caso contrário não tenho valor algum". Mas essa suposição não condiz com a verdade. Eu tenho muito valor, ainda que eu cometa algum erro. O medo me convida, portanto, a me despedir dessa falsa suposição e a me permitir cometer erros. Quando o medo aparece, eu não me irrito com ele, mas o tomo sim como um amigo que me convida a ser mais misericordioso comigo mesmo, a me ver como algo precioso, mesmo que nem sempre eu pareça perfeito ao me expor.

A verdadeira base em que me sustento

Um medo que aflige muita gente é o medo do julgamento que os outros possam fazer de nós. Lá em casa, minha mãe sempre dizia quando alguém chamava atenção pelo meu comportamento: "O que as pessoas devem comentar!" O julgamento das pessoas era importante. E assim as pessoas se ajustam para não chamarem atenção. Afinal, as outras pessoas poderiam falar a meu respeito. Esse também é um medo que nos aflige. Mas se eu dialogar com esse medo, posso buscar saber qual desejo se esconde por trás dele. Afinal, trata-se do desejo de ser querido por todos, o desejo que todos me elogiem, que todos estejam de acordo comigo. Uma vez que eu formulo claramente esse desejo, percebo o quanto ele é ilusório. Assim, o medo me coloca diante da questão: Por quem eu quero ser determinado? Pelas outras pessoas ou por Deus? Se me deixo definir pelas pessoas, torno-me dependente, vivo constantemente com medo de seu julgamento. Se eu me deixo definir por Deus, sou livre. Posso então ser verdadeiramente como sou. De modo que o que o medo quer é me conduzir a Deus. Também nesse caso, o medo é um amigo que me mostra minha verdadeira base em Deus, sobre a qual eu me sustento. Se estou firme em Deus, estou livre do julgamento das pessoas.

Um convite para uma vida intensa

Quando lemos no jornal a respeito de pessoas jovens que morreram de câncer, muitas vezes acabamos também ficando com medo, afinal poderia ter sido conosco. Ou quando, na estrada, passamos por um acidente fatal que acaba de acontecer, vem o medo de que também nós poderíamos morrer em um acidente. E há pessoas que nem mais ousam sair de casa, por puro medo de que poderia se passar alguma coisa com elas. E aí então o medo passa a nos afligir cada vez mais. Ou então nós o disfarçamos, preenchendo todo o tempo com atividades. Nossa vida só pode ser bem-sucedida se pudermos encarar o medo da morte, o qual simplesmente faz parte dela. O medo de morrer se torna mais claro quando dialogamos com ele. Trata-se do medo da dor, da morte? Trata-se do medo de perder o controle das coisas ou é o medo de precisar de ajuda? Ou é o medo de deixar sozinhas as crianças ou o marido? A conversa que tenho com o medo de morrer me convida a depositar minha confiança em Deus. Também na morte, Deus terá suas mãos estendidas sobre mim. Na morte, partirei em direção e para dentro do seu amor. E o medo da morte me convida a viver intensamente agora, neste instante. Agora, quando estou com medo da morte, estou vivo. E assim quero, neste instante, viver conscientemente, sentir o sol sobre minha pele, perceber o vento. Observo com consciência o rosto da pessoa com quem eu falo e percebo o seu mistério. Eu digo então às crianças ou ao meu parceiro tudo aquilo que eu queria dizer já há muito tempo. O medo da morte me convida, portanto, a viver com consciência e intensamente. Ele quer fortalecer a minha vida.

Fale com o medo

Volta e meia ouço pessoas dizerem ter medo de não conseguir dar conta da vida. Alguns acham que não vão conseguir superar as dificuldades financeiras. Não vão conseguir acabar de pagar a casa. Outros têm a sensação de que a vida lhes exige demais. Eles não dão conta do trabalho. Ou não dão conta da vida. Não sentem ter dentro de si as forças necessárias para reger a própria vida. Também nesse caso, a conversa com o medo é de grande ajuda. Ela me mostra, concretamente, do que é que eu tenho medo. E se eu encarar o medo de frente, ele pode me desafiar a dar passos concretos. O medo tem sim esse direito. Se estou com medo de não conseguir acabar de pagar a casa, o medo me convida a estabelecer um plano concreto de pagamento de minhas dívidas. Quanto eu preciso ganhar? Como eu posso ganhar esse dinheiro? Quanto é preciso que eu poupe por mês? Tudo se torna mais concreto. O medo, de outro modo, geralmente é difuso. Se eu tenho medo de não dar conta do trabalho, medo de não ter força suficiente para isso, posso então refletir a respeito do modo como eu poderia poupar as minhas forças e como eu poderia obter forças. Ou posso pensar no que eu preciso para conseguir dar conta desse trabalho. Aquele que se proíbe o medo, não se vê livre dele. Já aquele que dialoga com o medo passa a ter nele uma fonte de vida.

Um exercício

Muitas pessoas têm medo de seu chefe. Uma mulher me contou uma vez que sempre ia com medo para a empresa pela manhã. O chefe iria ficar berrando o tempo todo e ameaçando demitir a todos se não trabalhassem mais. A voz alta do chefe já lhe causava medo. Num caso como esse, há duas possibilidades: ela pode se deixar levar pelo medo, mas pode também encará-lo de frente. É possível que a voz alta do chefe lhe faça lembrar a voz alta do seu pai, quando ele a repreendia com palavras duras na época de sua infância. E agora o medo daquela época vem à tona novamente. Mas então ela deve imaginar o seguinte: Será que o chefe tem mesmo tanto poder? De fato, ele pode gritar. Mas quem grita perde a razão, é o que se diz. Se alguém fala aos berros, isso não é sinal de sua força, mas sim de sua fraqueza. E a mulher pode então imaginar o seguinte, enquanto ela segue para o trabalho: estou indo ao teatro. Vou assistir à cena do chefe, ver em que papel ele atua, que tipo de drama ele representa com seus berros. Vou assistir, mas não vou fazer parte da peça. Vou deixar que tudo se desenrole sem me sentir tocada por isso internamente. Assim o chefe não terá poder algum sobre mim. Assim eu percebo a mim mesmo. Entro em contato comigo. Isso nem sempre dará certo tão facilmente, mas é um exercício, e, através desse exercício, o medo se tornará mais fraco a cada dia. Talvez eu até me divirta com toda a cena do chefe.

Inabalável em sua essência

Lá onde Deus mora em nós, lá onde somos inteiramente nós mesmos, onde está a nossa centelha divina, ali ninguém pode nos pôr em perigo ou nos machucar. Isso nos liberta do medo, por exemplo, de pessoas violentas ou ameaçadoras. E nos liberta das pessoas que poderiam abusar de nós. Sabemos que elas só poderão nos fazer mal fisicamente. O cerne mais íntimo em nós é, entretanto, inabalável. A presença curativa de Deus protege nossa essência quando nos sentimos ameaçados pela aproximação de pessoas. Quando se tem consciência do espírito inabalável, o medo não aflora tão facilmente, pois nosso corpo e nossa psique continuarão reagindo com medo perante ferimentos físicos e psíquicos. Mas o medo é relativizado. Não somos atingidos no nosso íntimo.

13
Traga mais alegria à sua vida!

Muito mais que a felicidade

Que a alegria nos faz bem, disso todos nós sabemos. Todos conhecem a sensação que sobe pela barriga, nos irriga e aquece, e eleva a nossa autoestima. Também a Bíblia sabe do efeito revigorante da alegria. Verena Kast ocupou-se sistematicamente com o tema alegria. Se a pessoa se alegra com a natureza ou com a arte, com seu próprio desempenho ou com a alegria alheia: a alegria é uma emoção elevada, um sentimento que não só nos faz bem, mas também gera uma energia nova em nós. É um sentimento que surge quando eu recebo mais de que estava esperando. E ela é gratuita, e em geral despertada pelas coisas mais simples. Para deixar claro o quanto esse sentimento é valioso, Verena Kast cita o poeta Rainer Maria Rilke: "A alegria é indizivelmente mais do que felicidade. A felicidade cai sobre as pessoas, felicidade é destino; alegria, elas fazem florescer dentro de si mesmas. Alegria é simplesmente uma boa estação sobre o coração". A psicóloga parte do princípio de que cada um de nós tem a capacidade para a alegria, ainda que ela esteja talvez há muito tempo enterrada e esquecida. Sua impressão é a de que preferimos girar em torno das emoções negativas. Verena Kast nos aconselha a escrevermos uma biografia de alegrias. Ou seja: buscarmos na consciência os momentos em que nos alegramos quando crianças e o modo como demos expressão a essa alegria. Assim, entramos novamente em contato com esse sentimento. A lembrança das experiências alegres da minha infância me traz de volta ao presente, ao agora: ela me faz bem hoje e atua de modo curativo sobre as minhas feridas.

Em unidade consigo mesmo

Verena Kast descreveu uma vez o efeito da alegria também como a experiência de ser-único e ser-inteiro, uma experiência de liberdade e vitalidade: "O sentimento de ser uma só unidade consigo mesmo e o sentimento de ser por inteiro, sentimento que nós seres humanos buscamos tanto, se faz presente no momento da alegria. E isso nos proporciona uma sensação de vitalidade, talvez até de liberdade. Todos os movimentos ligados à alegria, mesmo a uma alegria silenciosa, são movimentos para o alto, movimentos de leveza". A alegria que se perdeu – como é comum acontecer em meio a tantas preocupações – e agora espera no fundo da minha alma pelo momento em que será reavivada, me conduz de volta ao momento presente, ela me transfere para o presente. Quando me alegro, estou muito presente – mesmo naqueles momentos em que me recordo de alegrias passadas. O pensamento gira sempre em torno do passado ou do futuro. Mas quando eu levo algo até o sentimento, então é diferente. Como eu sinto a alegria no momento atual, ela me faz presente. Ela me traz para próximo de mim mesmo e para próximo do momento presente. A alegria é a expressão do ser puro, do presente vivo.

Viver mais plenamente

A alegria não é algo que podemos simplesmente fazer ou produzir. Mas é possível criar ou estimular as precondições para isso. A alegria é a expressão da vida plena. Se eu vivo de forma consciente, se sou criativo em minha vida, a alegria passa a ser o estado de espírito predominante. E a alegria nasce da avaliação positiva sobre as coisas. Não posso me alegrar se eu avalio negativamente tudo a minha volta. Mas se eu, logo de manhã, já começo a avaliar o dia de um modo positivo, a recebê-lo como um presente de Deus, percebendo o sol a clarear o dia, sentindo o ar fresco que a manhã traz consigo, aí então posso me alegrar diariamente com milhares de pequenas coisas.

Recordação como fonte de alegria

De algum ponto de vista, todas as pessoas já viveram momentos de alegria na sua infância, seja brincando, seja em festa, num passeio ou mesmo em tarefas realizadas junto com o pai ou a mãe. Uma vez que nos lembramos do que já nos deu alegria na vida e de que modo demos expressão a essa alegria, entramos em contato com ela. A alegria põe alguma coisa em movimento dentro de nós. Não podemos *fazer* alegria, mas podemos nos lembrar da alegria que já tivemos. Através dessa atividade da recordação, torna-se de novo viva em nós essa fonte criadora: na alegria, conforme Verena Kast, "vivenciamos a plenitude da existência, vivenciamos vitalidade, energia, corporeidade, nossa ligação com as outras pessoas, vivenciamo-nos a nós mesmos no esquecimento de nós mesmos, vivenciamos uma nova esperança. Vivenciamos o fato de que na vida de qualquer pessoa, por mais difícil que essa vida possa ser, existem oásis de alegria que, através da recordação, nos trazem de volta o estado de alegria".

Por baixo da nossa dor

Nosso contato com a alegria não se dá apenas ao nos lembrarmos de experiências passadas. Ela está agora em nós. E tudo depende de acreditar nessa fonte interna e trazê-la para o interior de nossa consciência. É evidente que há pessoas que, pela sua própria natureza ou sua educação, simplesmente são mais alegres. E há pessoas que têm um caráter mais melancólico e tendem à depressão. Isso pode ser condicionado física ou espiritualmente. Elas não podem se defender contra a sua natureza, elas simplesmente a têm. Apesar disso, é possível tatear aquela alegria, já há muito esquecida por baixo de toda a tralha, mas ainda inabalável e disponível no fundo de nossa alma. Muitas vezes, não conseguimos o acesso a essa fonte. Muita sombra se instaurou sobre ela, tornando-a obscura. Mas se nos escutamos bem no íntimo, descobrimos essa fonte de alegria esquecida por baixo de nossa dor e nossa irritação. E se bebemos dessa fonte, então nos alegramos por nossas vidas, por nossos semelhantes, nosso trabalho, por tudo o que aparecer em nosso caminho. Não encontramos algo ameaçador naquilo que nos acontece, mas sim algo que nos é dado por Deus, algo que Ele nos confia e através do qual Ele, muitas vezes, também deposita sua confiança em nós. Uma alegria como essa vem do coração e invade tudo o que fazemos. E o que fazemos também resulta de outra forma.

Depende de mim

Depende de mim que eu perceba as coisas boas do dia e reaja a elas. Infelizmente, há também as pessoas que não percebem toda a beleza em torno de si, pois elas simplesmente celebram a sua própria falta de vontade. Elas próprias tornam sua vida difícil para elas mesmas. A alegria como atitude também é uma fonte da qual bebemos no nosso convívio com os outros. Cada um de nós sabe que conseguimos trabalhar mais e melhor se aquilo que fazemos nos dá alegria. Procure, portanto, tomar consciência das pequenas coisas que podem lhe proporcionar alegria. Perceba o olhar amigo da vendedora e alegre-se com isso. Deixe que as palavras compreensivas de um amigo cheguem ao seu coração e perceba a alegria que elas lhe proporcionam. Alegre-se pelo dia de hoje, pela beleza da natureza, pelo fato de que você agora respira e de que você, exatamente como é, é único.

A melhor coisa na vida

Um velho irmão do mosteiro, falecido aos 92 anos de idade, tocava sempre, e até os seus últimos dias, uma serenata a cada irmão na ocasião da data de seu nome, inicialmente no trompete, depois, quando já não era possível, na gaita. Quando fui agradecer a ele, ele disse: "A melhor coisa na vida é proporcionar uma alegria a alguém". Quando proporcionamos uma alegria a alguém, somos também nós mesmos tomados pela alegria. Enquanto giramos o pensamento apenas em torno de nós mesmos e lamentamos o quanto a vida é difícil, nenhuma alegria há de surgir. Todavia, não devemos nos colocar sob a "pressão da alegria". Não posso tão facilmente motivar um deprimido à alegria. Ele precisa se conciliar com o fato de que o estado de espírito depressivo se instaurou sobre ele. Mas ele deve, no entanto, acreditar que por baixo de seus sentimentos depressivos também se encontra a emoção da alegria, ali disponível. Mesmo que ele agora não a sinta, ela não o abandonou.

Não deixe que a fonte se torne um mero fiozinho d'água

Jesus disse aos seus discípulos no Evangelho de João: "Disse-vos estas coisas para que a minha alegria esteja em vós, e a vossa alegria seja completa (*plerousthai* = para que ela seja efetiva)" (Jo 15,11). Jesus não incitou seus discípulos à alegria. Mas a forma e a maneira como falou a eles lhes trouxe alegria. Com suas palavras, Ele compartilhou também com seus discípulos, por assim dizer, o seu estado de espírito, e encheu-os assim com a alegria que estava nele. Jesus, com essas palavras, parte do princípio de que há nos discípulos uma fonte de alegria. Porém, muitas vezes, essa fonte se torna um mero fiozinho d'água. Quando Jesus fala aos discípulos, essa fonte volta a jorrar, a emanar, e assim também a preencher de alegria a consciência deles.

Dê espaço às coisas positivas

Muitas pessoas têm os seus lugares determinados para entrar em contato com sua própria alegria. Para alguns, esse lugar é a natureza, cuja beleza os regozija. Para outros, o que lhes dá alegria é a música. Quando cantam em um coro, após o concerto estão repletos de alegria. O canto os coloca em contato com a fonte de alegria que emana dentro deles, no fundo de sua alma. No entanto, no dia a dia, eles não conseguem, por muitas vezes, acesso a essa fonte. Não podemos nos forçar à alegria. Mas temos completa responsabilidade por nossas emoções. É importante nos conciliarmos com o fato de que emergem em nós eventualmente emoções negativas. Mas conforme a maneira como vivemos, podemos dar espaço à alegria dentro de nós. Se fizermos isso, vivenciaremos então a força curativa e revigorante da alegria.

Rir, a melhor medicina

O fato de que rir faz bem às pessoas é algo já dito e reafirmado por terapeutas. Ao rir, superamos a situação que vivemos. Não nos deixamos determinar pelos acontecimentos, mas sim nos elevamos acima deles. Uma vez que reagimos a uma adversidade com o riso, tomamos dessa adversidade o seu efeito negativo. Colocamo-nos acima dela. Não lhe damos poder algum. De modo que o riso tem algo de libertador em si. Nós nos libertamos da influência de pessoas, de incidentes. O riso desanuvia. Deixa os sentidos mais claros e serenos. Dissipa as nuvens de nossa alma. É uma dádiva espalhar o riso em torno de si e alegrar as pessoas. Aquele que consegue rir dele mesmo com vontade e contagiar os outros com seu riso vivencia o efeito saudável do riso. E ele mesmo é um bem às outras pessoas.

Para os romanos, o humor vem de *humus*, terra. O humor tem como pré-condição a *humilitas*, humildade. Ela pressupõe a coragem de descer à essência de sua própria humanidade. Viemos da terra, enquanto seres humanos. Devemos nos aceitar com tudo o que há em nós, também com tudo o que há de terroso, escuro e pouco admirável. Se eu tenho os dois pés no chão e mantenho-me firme à terra, recebo tudo de forma um pouco mais serena. O humor pressupõe que eu me aceite com amor e que eu possa rir de minhas fraquezas humanas, pois elas fazem de mim um humano entre humanos, ligados à terra. Um posicionamento como esse é bom – para o corpo e para a alma.

Conclusão

A medicina grega nos apontou, em sua teoria da vida saudável, seis fontes fundamentais para a boa saúde: 1) luz e ar, 2) refeição e jejum, 3) movimento e repouso, 4) despertar e dormir, 5) secreção e excreção, e 6) os afetos da alma. Considerado isso, o que importa na medicina grega é a medida certa e o equilíbrio entre os diferentes polos.

Muitas vezes a Bíblia faz alusão às fontes de saúde, às fontes de recursos, das quais podemos beber a fim de viver saudavelmente. No Livro dos Provérbios a alegria é mencionada como fonte de saúde, mas também a sabedoria, a disciplina, o temor a Deus, a prudência e a justiça são apontadas como fontes das quais podemos beber para termos vida longa e saudável. "O temor do Senhor prolonga os dias" (Pr 10,27).

Jesus aponta como fonte de saúde, sobretudo, a fé. Diz Ele ao centurião de Cafarnaum: "Vai, seja-te feito conforme a tua fé" (Mt 8,13). E à mulher atormentada pela hemorragia, Ele diz: "Tem confiança, minha filha, tua fé te salvou" (Mt 9,22). Para Jesus, fé é a confiança que devemos depositar em Deus. Devemos confiar no fato de que Deus nos cura e ajuda. Se vivemos da confiança na presença curativa de Deus e confiamos que Ele também age de forma curativa em nós, essa confiança é então uma fonte importante para a vida saudável. A fé não nos preserva de todas as doenças, mas ela nos fortalece na doença. E ela é também uma atmosfera que, preventivamente, fortalece a saúde.

Outra fonte de vida saudável são as raízes sobre as quais vivemos. A árvore definha sem suas raízes. Não são só rituais o que nos põe em contato com as raízes da nossa árvore da vida, são também as sabedorias de vida que nos foram transmitidas pelos nossos antepassados através de suas histórias, contos e provérbios, ou mesmo das pequenas frases com as quais eles administraram suas vidas. Todas as vezes que praticava uma atividade difícil, um agricultor dizia: "Em nome de Deus". Essas palavras, ele já havia herdado de seu pai e de seu avô. E isso lhe dava força para reger a sua vida ao invés de se resignar diante de dificuldades. Hoje em dia muitas vezes ansiamos pelas raízes saudáveis dos nossos antepassados, justamente porque percebemos o quão distanciados estamos da força que provém delas.

A tradição espiritual também nos deu acesso a muitas fontes que beneficiam a nossa saúde. Lá está a quietude para onde nos recolhemos, o silêncio, um benefício para o corpo e a alma. Lá estão os rituais que nos proporcionam um momento sagrado. O sagrado é, para os gregos, aquilo que foi tomado do mundo. Os gregos estão convencidos: apenas o sagrado é capaz de curar. Uma vez que, ao fazermos nossos rituais pessoais, nos proporcionamos um momento sagrado e, ao fazermos os rituais da igreja, somos inseridos em um espaço sagrado; o sagrado é capaz de atuar como força curativa sobre nós.

Outra importante fonte de cura para a tradição espiritual é a Bíblia. Os Padres do Deserto entendiam a Bíblia como o livro da cura. Se cravarmos as palavras da Bíblia entre aquelas nossas palavras que nos fazem doentes, vivenciaremos o seu efeito de cura. As palavras da Bíblia anulam o poder daquelas palavras que nos desvalorizam e nos prostram. As palavras da Bíblia são palavras de confiança. Elas nos erguem. Elas nos põem em contato com as fontes que temos dentro de nós.

Nossa alma sabe no fundo o que lhe faz bem. Mas com frequência ela precisa de uma palavra externa para acreditar naquilo que internamente ela sabe. Não são só palavras pontuais que têm em nós um efeito de cura. As muitas histórias de cura da Bíblia nos mostram como a cura pode se dar também em nós. E nas parábolas, Jesus quer nos livrar das imagens doentias que temos de nós mesmos, para que vejamos a nós e a Deus verdadeiramente. A doença surge geralmente através de um olhar equivocado de nós mesmos. Seremos saudáveis quando virmos a nós e a nossa relação com Deus verdadeiramente.

A Igreja conhece os sacramentos como a fonte da cura. Na celebração da Eucaristia deparamo-nos com Jesus como um médico que hoje nos diz: “Levanta-te, pega tua cama e vai!” Na Eucaristia, Jesus nos diz: “Eu quero, sê limpo! Eu estou contigo. Assim deves também tu estar contigo. Eu te aceito como és. Aceita-te assim também tu a ti mesmo”.

Nas comemorações do Ano Litúrgico não celebramos apenas o ato de cura de Jesus, mas também o seu destino, seu caminho do nascimento até a ressurreição, passando pela cruz. C.G. Jung entende o Ano Litúrgico como um sistema terapêutico, pois ele nos coloca em contato com questões importantes de nossa alma. Uma vez que tais questões são apresentadas na cena sagrada, tomamos parte no caminho de Jesus, que nos conduz do medo à confiança, da opressão à liberdade e da doença à cura.

A saúde também é sempre uma tarefa espiritual. Ela nos incita a refletirmos sobre nossa essência e a fazermos jus à nossa essência enquanto criação divina. E a saúde, afinal, é um presente de Deus que não há como recebermos senão com gratidão. Devemos lidar atentamente com esse presente, para que possamos preservá-lo por muito tempo. Mas não podemos ter domínio sobre a saúde. E não há também nenhum método medicinal, psicológico ou espiritual, que nos possa garantir a boa saúde. De modo que vivemos sempre na tensão entre saúde e doença para que, em ambas experiências do ser, nos tornemos cada vez mais abertos para o Espírito de Deus que está em nós e para o nosso verdadeiro *eu*, que está além da saúde e da doença. É o precioso tesouro que trazemos conosco, a pérola valiosa pela qual vale a pena dispensar todo o resto.

JESUS COMO TERAPEUTA

O poder curador das palavras

Anselm Grün

Quando leio a Bíblia encontro nos evangelhos um Jesus terapeuta, que cura as pessoas doentes. Ele se apresenta a mim como interlocutor e contador de histórias, e encontro nele muitas palavras que me desafiam. Há tempos tive a ideia de meditar sobre os métodos terapêuticos do Mestre e de aplicá-los aos dias de hoje. Por um lado, quero descobrir como podemos obter uma nova imagem de nós mesmos mediante o encontro com Jesus, pois da nossa autoimagem depende o êxito de nossa vida. Por outro, desejo saber como nós, com nossos problemas psicológicos, podemos interagir com Jesus para que experimentemos a cura. Fascinados, lemos os relatos sobre como o Mestre curou os doentes, mas como podemos ser curados no encontro com Ele?

Este livro é destinado a pessoas que desejam conhecer-se melhor. Ele quer ajudá-las a encontrar caminhos que as levem a uma vida bem-sucedida. Foi escrito para pessoas que sofrem consigo mesmas e que procuram uma solução para o seu sofrimento. Mas também o escrevo para mim mesmo, como acompanhante espiritual, e para todos os que acompanham outras pessoas em sua espiritualidade. Pois nós, que trabalhamos no acompanhamento espiritual, também podemos aprender com os métodos terapêuticos de Jesus. Minha esperança é que os terapeutas se interessem igualmente pela sabedoria terapêutica do Mestre e encontrem nele impulsos para o seu próprio trabalho.

Formato: 13,7 x 21 cm

MEU LIVRO DE ORAÇÕES

Anselm Grün

Autor reconhecido mundialmente por suas obras sobre espiritualidade e autoconhecimento, Anselm Grün trás nesta nova obra uma seleção de orações que são oriundas da tradição beneditina e outras, que estão próximas ao espírito beneditino. O autor escreveu também orações inspiradas na experiência das instituições monásticas. Para os monges, oração significa: oferecer a Deus sua vida inteira, sua verdade mais íntima, para que o Espírito de Deus possa permear tudo em nós, e nos transformar.

Segundo Grün: "Na oração, ofereço a Deus os meus sentimentos, as minhas afeições, os meus medos, para que, através deles, eu possa sentir Deus como o fundo mais recôndito da minha alma e onde encontro tranquilidade. Bento significa: 'o abençoado'. Orar, para São Bento, significa também, colocar tudo sob a bênção de Deus: a mim mesmo, as pessoas e a realidade deste mundo, para que possamos vivenciar que tudo pode vir a ser uma bênção para nós e que, nós mesmos, somos uma bênção para as pessoas. O objetivo de orar, pedir, louvar e abençoar é que Deus seja glorificado em tudo".

***Anselm Grün** é autor reconhecido no mundo inteiro por seus inúmeros livros publicados em mais de 28 línguas, o monge beneditino Anselm Grün, da Abadia de Münsterschwarzach (Alemanha), une a capacidade ímpar de falar de coisas profundas com simplicidade e expressar com palavras aquilo que as pessoas experimentam em seu coração. Procurado como palestrante e conselheiro na Alemanha e no estrangeiro, tornou-se ícone da espiritualidade e mestre do autoconhecimento em nossos dias. Tem dezenas de obras publicadas no Brasil.*

